超ディープなディスクロージャー

WHITE HATS

ホワイトハット全解剖

カバルの世界線からハートの力が勝利する時代へ

横河サラ
YOKOKAWA SARAH

ヒカルランド

まえがき

ディスクロージャーの森に足を踏み入れて

真実への探求によってのみ
私の魂はやすらぎ
内なる炎は鎮まれり

アトランティス人トート「エメラルド・タブレット」より

For only in the Search for Truth
could my Soul be stilled
and the flame within be quenched.

"Emerald Tablets" Thoth the Atlantean

私たちはいま、人類史上最も大きな戦争の中にいる。

これは、学校の教科書で習った歴史上のどんな戦争とも、全く違う戦争だ。

地球と人類が初めて体験する、闇から人類を解き放つための戦争である。


ついにエンディングを迎えつつあるこの戦争のほとんどは、裏舞台で秘密裏におこなわれてきた。そのために、これが戦争であることを知らない人も多い。

かくいう私も、幻想のマトリックスの中で毎日与えられる青いピルを飲み、のうのうと暮らしていた。だが、とあるきっかけでマトリックスの小さなグリッチに気づき、疑問を抱き始めた。揺るぎない現実と思っていたものに対して、少しずつ疑いを持つようになっていった。そしてしまいには、たくさんの赤いピルを飲むことになったのだ。

真実を知りたかったら、調べて、つなげて、ディスクロージャーの暗い森の中に、自分で足を踏み入れるしかない。だが、森の中のウサギの穴は思った以上に深く、どこまでも続いていた。と思ったら、足を踏み外して滑り落ち、痛い思いもずいぶん体験した。ここ数年の間に、私と似た体験をした人は少なからずいたのではないだろうか。


暗い森の中を一歩ずつ進んでいくと、人知れず戦っている戦士たちの影が少しずつ見えてきた。彼らは何の見返りも求めず、地球に人々に自由と平和をもたらすべく、生命をかけて戦っていることを知った。

たいしたことはできないけど、世界の闇と戦っている人々のことを伝えたい。今実際に起きていることを伝えたい。強くそう思った。


この本に書いたことの中には、飲み込むのが大変なハードピルが混ざっているかもしれない。どうか自分のペースで、ピルを割って少しずつでも飲んでもらえたらと思う。

あなたがこれらの情報をどう受け取るかは、完璧にあなたの自由であり、あなたの選択だ。だが、もしひとつでも心に引っかかることがあったら、ディスクロージャーの森の中に足を踏み入れてみてほしい。

なぜならあなたも私も、この地球のタイムラインを生きる私たちは、誰もがハートで闘う戦士だからだ。

この本がきっかけとなり、あなたがここに生まれてきた意味と、ほんとうのあなた自身を思い出す一助となるなら、こんなにうれしいことはない。

宇宙の中でも稀有《けう》なこの時空をあなたと共有していることを深く光栄に思う。

目次

第二章　カバルのタイムラインはすでに消滅している
――意外にも光に満ちた世界線はすぐそこに！

第三章　超ディープなディスクロージャーが始まった
——悪を演じる人々をあなたは見抜けるか？

第四章 闇と光の戦いの根源にあるもの——人類はハートを通じて闇を凌駕できるか

第五章　日本という奥宮に隠されている大切なこと
――日本人はハートで闘う戦士だった⁉

※正確にはホワイトハッツだが表題に合わせてホワイトハットの表記にする。

カバーデザイン　吉原遠藤
校正　麦秋アートセンター
本文仮名書体　文麗仮名（キャップス）

第一章

彼らは本気で人類を抹殺しようとしていた！

——知らないとあなたも個人攻撃されかねない

個人攻撃？　全人攻撃？　それとも……？

2019年の夏から2023年の夏までの間に「これはひょっとして死ぬかもしれない……」と思ったことが何度かあった。

それまでノホホンと生きてきた私にとって、この4年間は衝撃的な期間だった。そういう目に遭ったのは、もちろん私だけではないだろう。

人体に有害な電磁波、ワクチンの薬害、免疫力を著しく低下させる食品、化学物質、何が入っているのかさえ不明な水道水。そして大地には農薬や除草剤、空を見上げればケムトレイル……。

私たちは、それが何なのかわからないまま攻撃され続けてきた。

人間を支配し奴隷にした挙げ句に全滅させてしまおう、という目的を遂行している輩たちがいることはだんだんわかってきてはいた。だが、それに加えて「これってもしかして個人的な攻撃？」と思わざるを得ない出来事が繰り返しやってきたのだ。

タイムラインが変わった今だからこそ、こんなことが書けるが、この4年間はとにかく生き延びることが最優先事項だった。

個人攻撃を受けたという話は、日本、海外を含め、何人かの人から聞いていたし、今この本を読んでいる人の中にも、似たような体験をした人が少なからずいるのではないかと思う。

いつかチャンスがあったら、このもの凄い時代で体験したことを分かち合いたいと思うが、まずは私自身の体験をシェアしてみよう。

全身に浴びせられた電磁波

最初の「個人攻撃」らしき体験をしたのは、2019年の夏だった。

まだコロナ騒動が始まる前で、それまでと変わらない暮らしをいていた頃だ。海外からの客人を成田空港まで車で送った後、空港内の道路を走っていた。あるポイントを通り過ぎた瞬間、全身にザーッと電磁波を浴びせられたのがわかった。悪寒がどんどん増してくる。電子レンジの中に入れられて、1秒だけスイッチオンされたとしたら、こんな感じかもしれないと思った。

これはまずいな、と思いつつ、何とか家に帰り着くべくハンドルをぎゅっと握りしめた。ようやく家に辿り着き、靴を脱ぎ捨て、居間に入ると同時にソファにへナへナと倒れ込んでしまった。

その頃にはからだじゅうに震えがきていた。体温を測ってみると39度ある。そこから1週間近く40度前後の高熱が続いた。どうなっちゃうんだろうと思いながらも、からだは動かず、頭も回らない。何とか仕事のキャンセルをお願いする連絡だけしていた。

水と少しのスイカしか喉を通らず、体力がどんどん落ちていくのがわかる。体温が40度を超えるとがん細胞が死滅すると言うけれど、その前にこっちがくたばっちゃいそう。

結局、1週間経ったあたりでようやく熱が引き始め、起き上がれるようになった。

この時はまだ、それを「攻撃」だとは思っていなかった。成田空港は電磁波がすごいなー、あれではちょっと危ないんじゃないかなくらいにしか思っていなかったのだ。

だがそれは、その後にやってくることの始まりに過ぎなかった。

悪魔よ、立ち去れ――闇の存在はいつも私たちの恐怖がほしい

同じ2019年の暑い夏の夜だった。

自宅のキッチンにいた時、突然、針で刺すような「キーン」という超高音が左耳に鳴り響いた。その音は高速で左耳から右耳へと頭の中を突き抜けて、右耳から抜けていった。

うわっ、何だろう？　とは思ったものの、痛くはなかったので、そのまま台所仕事を続けたが、あとで洗面所に行って鏡を見た時にギョッとした。

右目の全体が血が滴りそうなくらい、真っ赤になっているのだ！

ホラー映画みたいで、見た目の凄まじさにドン引きしてしまった。

さっき頭の中を通り抜けた高音だな、と思った。その前に鏡を見た時はなんともなかったのだから。

どうしよう。これじゃ人にも会えないじゃない。これ見たら、みんな怖がって引いちゃ

うだろうよ。何とかできないかと、冷やしたり温めたりあれこれやってみたが、右目はホラー映画のまま変わらなかった。

そうしているうちに、あることを思い出した。

その日の午後はクリスタルボウルの会があり、ピラミッドセンターというところにいた。床に座ってボウルを弾きながら、ピラミッドの頂点を見つめて「悪魔よ、立ち去れ」と強く念じていたのだ。

地球には悪魔的なエネルギーが色濃く渦巻いていて、そのエネルギーに無意識に突き動かされてしまう人がたくさんいることを痛感していた頃だった。

とはいえ、「悪魔よ、立ち去れ」といった大胆なことを念じた経験はなかった。そこまでの勇気が出なかったのだ。それなのに、なぜかこの時は吹っ切れてしまって、アクマさま名指しで「立ち去れ！」と繰り返し心の中で、子どもみたいに叫んでいたのだ。

「原因はアレだな」と思った。ため息をつきながら腑に落ちた。なるほど「そんなことを念ずるようなヤツは実にけしからん。罰を与えてやる」ってことだね、と思った。

私がダイレクトに「立ち去れー」と念じたら、あっちからも「なんだとー！」とダイレクトにお返しが来る。「これはシンプルな物理法則だな」と変に納得した。

闇の存在たちは、私たちを怖がらせる必要があるのだ。彼らは、私たちの恐怖が欲しくてたまらない。私たちから生み出される恐怖のエネルギーをルーシュと呼び、文字通り恐怖を食べて生きている。ここで怖がったら、闇の存在たちの思い通りになってしまう。ヤツらにエサを与えてはいけない。つまり、絶対に怖がってはいけないのだ。

真っ赤な右目を鏡で眺めながら、「絶対に勝つ。己《おのれ》に勝つ」と自分自身に言い聞かせた。ずいぶん前からこの言葉は、怖がらないためのマントラみたいになっている。自分に勝てないうちは、こんな攻撃をしてくるような相手に太刀打ちできるわけがないからだ。

どうしても勇気が出ない時や、足がすくんで一歩が踏み出せない時、「絶対に勝つ。己に勝つ」という言葉が支えになって、勇気をしぼり出させてくれる。

幼い時からヘタレで、怖がりだった私は、アーキエンジェル・マイケル（大天使ミカエル）に「怖がるな」と何度も何度も言われ続けてきた。それを言っているのがアーキエンジェル・マイケルだとわかったのは、ずいぶん後になってからだったが、そのおかげでどんな時も「怖がっている場合じゃない」と思う癖がついていた。

アーキエンジェル・マイケルは、どこにいても、どんな時でも、すべての人間を守り、助けてくれる光のエネルギー存在だ。

名前を呼べば瞬時に、もしかするとその一瞬前には、もうそばにいてくれる。どうしたらいいかわからない時には、聞けば必ずサインやアドバイスを示してくれる。

個人的な所感としては、アーキエンジェル・マイケルのエネルギーは、不動明王のエネルギーと同じだと感じている。なぜか日本には、びっくりするほどたくさんの不動尊霊場があるのだ。アーキエンジェル・マイケルに馴染みがなくても、この話をすると「そういえば、近所のお不動さんによく行きます」と言う人も多い。私自身、幼い頃母親に手を引かれてよくお不動さんを訪れていた記憶がある。

このパワフルな光のエネルギーは、さまざまな名称で呼ばれつつ、世界中の人々が恐怖や闇に取り込まれてしまわないように地球全体を取り巻いているのではないだろうか。

また、私はマカバと呼ばれる光のエネルギーフィールドをからだの周囲に回転させている。人体の周囲には千を超える数のエネルギーフィールドがあるが、特にマカバフィールドは今の地球のアセンションのタイムラインで最も重要なエネルギーフィールドだと、ドランヴァロ・メルキゼデクは言う。予想もしないことが起きてくる可能性が大きい今という時期には、次元間の乗り物であるマカバフィールドが活性化していることがとても大切なのだ。

ハートの聖なる空間から活性化させたマカバは、恒久的に回転し続け、身を守るための最強のエネルギーの鎧ともなるが、そのためにはマカバと意識的に愛でつながることが必要だ。

私は、あらためてマカバに愛の意識を注ぎ、息吹を吹き込んだ。とたんに自分の中心軸が立ち直り、からだだけでなく感情や思考のバランスが取れていく。

2週間ほど経って、ようやく右目の赤みは退いていったが、この後も自分の内側と外側の闇を凌駕するためのトレーニングが続くことになるとは、知る由もなかった。

あなたも知らぬ間に蝕まれている？　連続でやって来た電磁波攻撃

2020年の春、コロナ騒動が始まった頃のことだった。たくさんの人が行きかう都内の某駅近くで、再び電磁波攻撃に遭遇した。

買い物が終わりレジで支払いをしようとしていた時に、突然心臓めがけてドン！ と強い衝撃波がやってきた。同時に、からだの中で「ドワッ」と音がしたように感じられた。目には見えない衝撃波によろけて、財布を握りしめたまま固まっている私に、店の人が怪訝な顔をしている。無理やり笑顔をつくり、何とか支払いを済ませ店から出たが、うまく歩けない。右手で心臓を押さえたまま、膝を曲げてヨタヨタ歩き、ようやく近くの駐車場に停めてあった車に辿り着いた。ドアを開けて座席にからだを押し込む。

どうしたんだろう？ 心臓発作？ いや、心臓がおかしくなるような兆候もまったくなかったし、外から衝撃波がやってきた感覚が確かにあったのだ。

何が起きているのかよくわからないまま、心臓の鼓動は呼吸によってコントロールすることができるということを思い出し、ゆっくり意識的に深呼吸を繰り返した。

びっくりして固まってしまっている心臓にそっと手をおいて、愛のエネルギー送り込む。愛のエネルギーは最強だ。対象が何であれ「大丈夫だよ、愛しているよ」と愛の意図を送ると、必ず反応と変化がやってくる。たいていの場合、症状がおさまってきたり、何が必要なのか教えてくれたりするのだ。

この時もしばらくそうしていたら、心臓が反応して少しずつ生命力が戻ってくるのがわかった。ああよかった、心臓は壊れないでいてくれた。

そんなことがあったのにもかかわらず、また数日後、アホな話だが私は同じ駅付近に買い物に出かけた……。案の定、再び強い衝撃波に心臓をアタックされてしまった。前回よりも幾分か衝撃が小さかったので助かったが、さすがにアホの私でも、しばらくはその駅に近づくのをやめた。

その頃某モバイル企業が、この駅周辺におびただしい数の5Gタワーを建てていたことは、後になってから知った。やはり私がくらったのは、5Gによる電磁衝撃波だったのだろう。

同じ頃、都内では5G電波の通りをよくするために多くの木が切り倒されていた。近距離から人を狙う、いや携帯に電波を送る5Gは、木があると遮られてしまうという理由からだ。その頃は、人が突然くるくる回り出したり、突然倒れてしまう動画がたくさんSNSに出回っていた。

カバルの人類皆殺し計画が明らかになってきてからは、あれはワクチンと電磁波の合わせ技だったとか、ワクチンに入れられたあるものを電磁波を当ててオンにするためだった、などと言われているが、ほんとうは何が起きていたのだろうか。

心臓への攻撃を体験してからは、どこに行く時も防御モードのスイッチが入るようになった。いつ、どこから見えない攻撃が飛んでくるかわからないから、360度全方向に意識を張り巡らすようになった。こちらは武器は持たないが、防御はしなければならない。その時は「まるで戦争中みたい」と呟いていたが、あれはほんとうに世界中の人々が巻き込まれた戦争だったのだ。特に、コロナワクチン接種全盛の頃の私たちは、戦場の真っただ中にいた。

自宅にいても、繰り返し電磁波の攻撃がやって来た。

2度の心臓アタックのような強い衝撃波ではないにしろ、頭痛や発熱を誘発することが多かった。何度も攻撃を受けているうちに、攻撃がやって来る方向、角度、動き方などに一定のパターンがあることがだんだんわかってきた。高くて鋭い金属のような音が耳の中で聞こえたり、刺さるような痛みを感じた時は、即座に頭やからだの角度、からだの姿勢を変えることで、攻撃をモロに浴びてしまわずに済むことを学習した。

この頃、似たような電磁波体験をした人は多かったのではないだろうか。5Gタワーが密集している都市に住んでいる人は、特にそのような体験をしたのではないかと思う。

だが、それを攻撃とは思わず、自分のからだの不調だと受け止めたのではないだろうか。コロナに罹っちゃったのでは、と思って病院に行き検査した人もいたと思う。しかし、実はそれがカバルの鉄壁のシステムだったのだ。

実のところ、私たちは戦場の真っただ中にいて、何が起きているのかわからないまま集中攻撃を浴びていた。第二次世界大戦の時代だったら、空襲警報のサイレンが鳴り響き、空から焼夷爆弾が落ちてきていたところだ。だが、今回私たちが体験した戦争で使われた武器は銃弾でもミサイルでもなく、目には見えない電磁波や生物兵器であるワクチンだった。それらの武器は、携帯の電波をよくするため、ウイルスからあなたを守るため、などという嘘のベールで覆われていた。

すでにホワイトハットが勝利した今となっては、カバルたちの計画は水の泡となった。まだそうは見えていないかもしれないが、電磁波やワクチンの真実が誰の目にも明らかになる時がやってくる。世界中の人が赤いピルという解毒剤を処方される時は近い。

ほんとうに存在していたセミドローン

2020年の夏、世間ではコロナへの恐怖とパニックが渦巻いていた。

朝、家の小さな庭に水を撒いていたら、真っ黒いセミが飛んできた。その頃はセミを見ることがほとんどなくなっていたので、珍しいなと思いながら目で追っていた。セミはしばらくすると、またこちらに戻って来る。そのうち、私の周りを不自然に何度も旋回していることに気づいた。

水を撒く手をとめて目で追っていたら、しまいには手を伸ばせば届くほどの近距離にやって来た。ハチドリかヘリコプターのように、空中でホバリングしている。

近くでじーっと見ていたら、それがセミではなく人工的なものであることに気づいた。

わお、これは小さいドローンだ！

強く興味をそそられ、迷わず手を伸ばして捕まえようとしたのだが、「手をケガしたら嫌だな」という考えが瞬間的に浮かび、手が止まった。その隙に漆黒のセミはどこかへ飛んで行ってしまった。

後になって、ツイッター（現在のX）にSGアノンが投稿したセミドローンの写真を見つけた。それは、まさしく私が庭で見たものと同じだった。検索してみたら、写真付きでセミドローンの説明をしている海外のウェブサイトも存在した。

読者の方の中に、セミドローンを見たり触ったりしたことのある人はいないだろうか？　日本でもたくさん飛んでいたのだろうか？　セミ型以外にもミニドローンの種類がいろいろあるのだろうが、民間人の家にドローンを飛ばして、誰が何を調べようとしていたのだろう？　諜報されるのは気持ちのいいことではないことだけは確かだ。

いまだに謎のままだが、私たちは、ドローンが普通

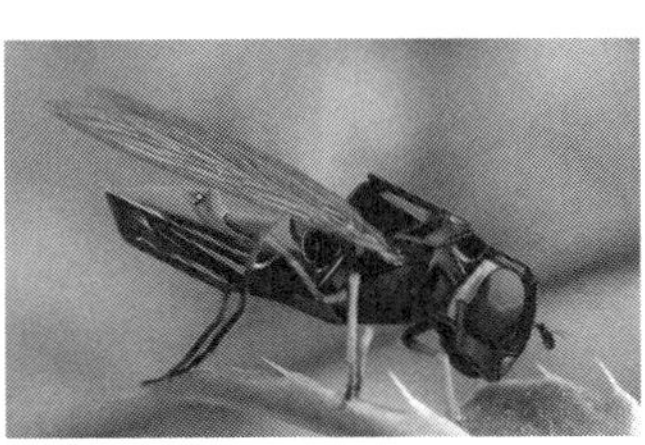

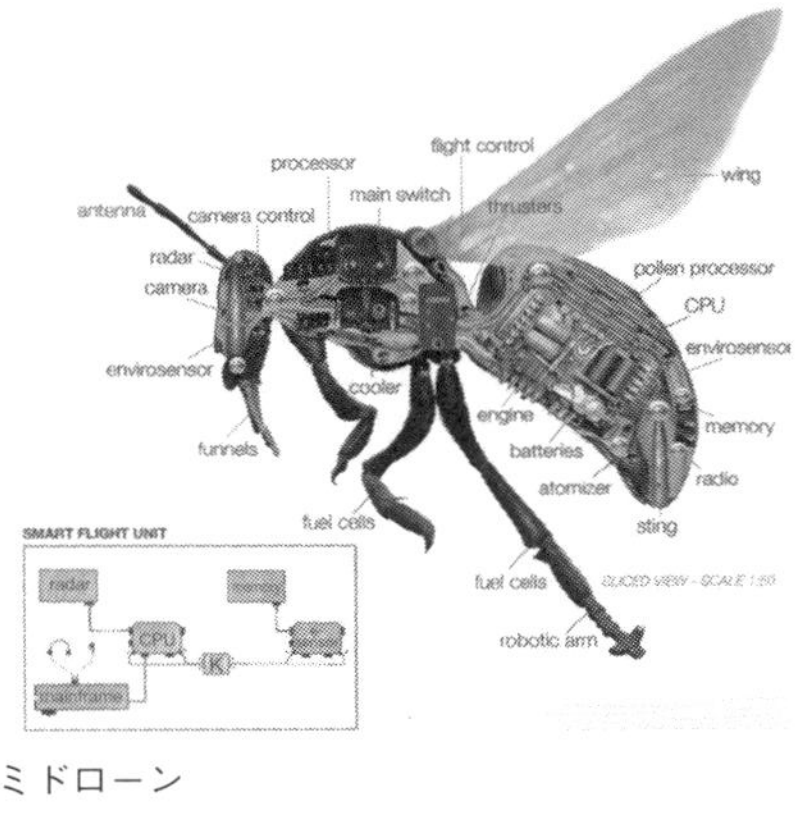

セミドローン

に家の庭を飛び回る時代に生きているのだ。

ワクチンによるデモサイド（民衆殺戮）

２０２２年から２０２３年前半にかけては、とうとうカバルが薄笑いの仮面を脱ぎ捨て、人類に対する憎しみの感情をあらわにしていった時期だ。彼らは、あからさまな攻撃をしかけてきていた。

多くの人が恐怖に駆られ、コロナウイルスが何なのかを調べることもせずに、メディアの言うことを聞いてワクチンを打ち、ウイルスに対して効果があるかどうかもわからない除菌剤をせっせと使い、片時もマスクを外さずに暮らしていた。

怖がるべきなのはウイルスではなく、ワクチンの方だったが、その事実が多くの人に知られるようになったのは、かなり後になってからだった。

一人ひとりが恐怖を受け入れてしまうと、その恐怖のエネルギーが波のように素早く集合意識に広がり、カバルの思うままになる。これがカバルのワンパターンなのだ。私たちから出た恐怖を最大限に利用して集合意識を操り、彼らに最も都合のよい状況を私たちがつくり出す羽目になる。

だが、いつの時代にもその手にはのらない人々がちゃんと存在していたのだ。私たちからは見えないところで、人類の集合意識から恐怖を取り除き、自由と平和を取り戻そうと尽力している人々、それがホワイトハットだ。

ホワイトハットの猛攻により焦っていたカバルたちは、2030年に予定していたコロナワクチン計画を前倒しにして、2020年に実行に移した。というのも、コロナよりも前に、カバル・ピラミッドの上の方にいた存在たちはホワイトハットによって始末されており、その下の者たちが半ばパニックになっていたせいだと思われる。彼らは、人類の90%を消滅させるための計画を実行に移したのだ。生き残らせた10%はスマートシティに押し込めて、バイオロボットとして利用するつもりだったという。

ワクチンによる人類殺害は、ジェノサイド（genocide）ではなく、デモサイド（democide）である、とパスカル・ナジャディ（後述）は断言する。

ジェノサイドは「一定の民族や人種、国民に対する大量虐殺」を意味するが、デモサイドとは「人種や国には関係なく、地球人類全体を抹殺しようとする行為」という定義なのだ。そこからいくと、たしかにコロナ騒動はデモサイドだったと言える。

また、コロナはパンデミック（感染流行）ではなく、生物兵器であるワクチンを打たせるためのプランデミック（計画的犯行）だったとも言われている。アンソニー・ファウチの悪行を告発したジュディ・マイコヴィッツ博士のドキュメンタリー「プランデミック」を見れば一目瞭然だ。

ワクチンを打たなければ仕事がなくなる、飛行機にも乗れない、打たなければあれもこれも、何もできない。あっという間に、このような状況に人々は追い込まれた。日本では、隠された強制に加えて集団圧力も強かったのではないかと思う。

ＴＶでは毎日、大々的なワクチン・キャンペーンが繰り広げられていた。それを信じて、ワクチンの中に何が入っているのかを知らぬまま、世界中の膨大な数の人々がワクチンを打ってしまったのだ。

そもそも、ウイルスとはいったい何なのだろう？

「ウイルスというものは存在しない」と主張する医師や博士が存在する。いままでウイルスと呼ばれるものを分離できたことがない、研究室で「はい、これがウイルスです」と取り出せたことがないと言うのだ。だが、それをメディアが取り上げないために彼らの声は世間にはほとんど届かない。もしこれが真実であれば、ウイルスはマジック、いやトリックに近い欺瞞ということになる。

ありもしないウイルスで人々を恐怖に陥れ、ワクチンへと誘導するためには、ウイルスに見せかけた何か他のもので、病気を作り出すことが必要になる。それが「水に注意しろ」へとつながっていく。

水に注意しろ——トランプも言及するヘビ毒が含有されている水、そして世界

２０２２年頃だったと思うが、ブライアン・アルディス博士の『水に注意しろ（Watch the Water)』というドキュメンタリーがＳＮＳで話題になった。

その中でアルディス博士は、ウイルスと呼ばれているのは、実はヴェノム（ヘビの毒）であり、それが水道水にも入れられていることを示したのだ。

同じ頃にＱＦＳスポークスマンのチャーリー・ワードが、２０１９年、スペインの新聞に「水道水にヘビ毒が入れられている」という記事が載ったことに言及している。
これらの情報をつないでいくと、カバルの手管がだんだん見えてくるのだ。

「水に注意しろ」をリサーチしていて、そういえば、と思い出したことがある。トランプ大統領が複数のスピーチの中で「親切な女性と毒蛇」というたとえ話を何度も繰り返ししていたことだ。それは、こんな話だった。

〝弱っている毒蛇が道にいた。そばを通りかかった親切な女性が、毒蛇を助けてあげた。女性に看病してもらい元気になった毒蛇は、突然女性に噛みついたのだ。蛇の毒がからだじゅうにまわり、息も絶え絶えになった女性が「助けてあげたのに、なぜ私を噛むの？」と尋ねる。すると毒蛇は、「なぜならオレは毒蛇だからさ」と答えた。……女性は悲しみの中で死んでいった。〟

リアルタイムでこのたとえ話を聞いた時は、その意味がまるでわからなかったが、アルディス博士の話を聞いて、私の中ではっきりと何かがつながった。

カバルは毒蛇なのだ。私たち人間の尺度で考えてはいけない。親切にしてくれた人を傷つけない、ましてや良いことでお返しをしよう、などという考えはこれっぽっちもないのだ。それをトランプ大統領は暗喩していたのだ。そしてやつらが実際に蛇毒を用いていた可能性がとても高いのだ。

カバルのやり口は、いつだって嘘に嘘を塗り重ねて、真実が見えないようにするが、その奥にはトグロを巻いた毒蛇のような、黒い意図が見え隠れしている。

「Watch the Water」という言葉は、謎のキーワードとなって、何年もＳＮＳを駆け巡っていた。

トランプ大統領がスピーチの途中で、突然床からフィジーウォーターのボトルを取り上げ、不自然に両手でボトルを持って飲む、というシーンもあった。だが、フィジーウォーターは「神聖な水」を意味しているという説もある。

「Watch the Water」には、水道水と蛇毒のこと以外にも、いくつか意味を含んでいる可能性があるのだ。

個人的な話だが、亡くなった父が「水に気をつけろ、水に近づくな」と何度もメッセージを送ってきたことがある。１９９０年代のことで、私はまだ世界の裏側のことなど何も知らず、三次元のバブルの中で浮かれていた頃だった。その時は、個人的に注意しろということだと思い、川や海に行く時は何となく気をつけていた。いつしか父のメッセージのことも忘れてしまっていたのだが、「Watch the Water」という言葉から、はっと思い出したのだ。とはいえ、まだそれがどのようにつながっているのかは、解明できていない。

洪水や津波など、災害の象意もあるかもしれない。だが、故・江本勝博士の「水は意識を持っている」という研究結果にも関係しているようにも感じる。

ドランヴァロ・メルキゼデクは、地球は毎日、宇宙から何トンもの水を受け取っている、と言っていたし、私たちは「水」について何もわかっていないのだ。ただし、水には大きな秘密と鍵が隠されていることだけは確かだと思う。

コロナワクチン狂騒曲の水面下で犠牲になる子どもたち

地上でコロナ狂騒曲が鳴り響き、人々がそのことで手一杯になっていた頃、地下ではホワイトハット・ミリタリーが地上の人々に悟られないように隠密作戦を実行していた。カバルたちのD.U.M.B.（地下トンネル）に侵攻し、彼らのアジトを次々と壊滅させていたのだ（＊D.U.M.B.は、Deep Underground Military Baseの略）。

その頃、ワシントンDCやニューヨーク市の地下鉄駅などをはじめ、世界のあちこちで浸水や洪水が起きていることがニュースにもなっていた。しかし、これはホワイトハットが地下から子どもをはじめとする多数の被害者たちを救出した後、カバルのアジトを破壊し、二度と使えないようにするために大量の水を入れていたのだ。破壊する時の揺れや振動を私たちは地震だと思っていた。

地下には、人間、特に子どもを食糧とするレプタリアンがいたこと、グレイやダークサイドのETたちが人体実験や遺伝子実験をしていたこと、幼い子どもたちを犠牲にしてペドファイルや儀式がおこなわれていたことなど漏れ伝わってきているが、今はまだ私たちが知らない理解を超えたような事実が、これから少しずつ掘り出されてくるだろう。

地下の知らないところで長い間、何がおこなわれていたのか、ホワイトハットは地下で誰と戦っていたのか……。その中には、目を覆いたくなるような辛い事実も含まれているのだと思う。

ラビットホール（兎の穴）は、とてつもなく深い。

とはいえ、臆することなく真実に目を向けて、気づきだす人々がどんどん増えている。私たちの意識の周波数が、少しずつだが確実に上昇してきている。ホワイトハットによる地下掃討作戦は現在、最後の段階に入っているようだが、同時にコロナ狂騒曲というデモサイドに関わった者たちに対し、罪状が言い渡される時が静かに近づいている。

＊2024年10月末、ついにカバルの最後の地下アジト壊滅作戦が完了した、と聞いている。

車がリモートコントロールされた？

2023年前半に起きた2つの強烈な出来事が、攻撃され続けた4年間のクライマックスとなった。

『ダイヴ！ｉｎｔｏディスクロージャー』（ヒカルランド、2019）を書いた前後から、カバルやディープステートと呼ばれる輩たちについてリサーチをしていたために、彼らのことを知識としては知っていたが、彼らのダークなエネルギーを存分に体験することになったのだ。

２０２３年1月、その日は10年近く続けた勉強会の最終回を開催する予定だった。会場に向かうべく車を運転していた私は、家からさほど遠くないところにあるＴ字路の上り坂をゆっくり上っていた。突き当たりには小さな横断歩道があり、その手前で一時停止しようとブレーキを踏んで止まろうした刹那、私の意思に反して車が突然猛烈にスピードを上げたのだ。

慌ててブレーキを強く踏み込んだが、まったく効かない。このまま行くと真っ正面にあるコインパーキングに猛スピードで突っ込んでしまう。

とっさにハンドルを左に切った。スピードが出たままの車はそのまま左側の歩道に乗り上げて、商店街のポールに激突し、派手な衝突音とともに車が停まり、そのまま動かなくなってしまった。

わー、やっちゃった！　頭の中が真っ白になり、何も考えられなくなった。

するとその瞬間、アーキエンジェル・マイケルの「はい、完了」という声が響きわたった。

思わずアーキエンジェル・マイケルに聞き返す。「何？　何が完了なの⁇」

だが、答えはなかった。自分で感じてごらん、ということ？

意味はさっぱりわからなかったが、この状況の中でアーキエンジェル・マイケルの声を聞いて、不思議と気持ちが落ち着いてきた。そうだ、今はとにかく深呼吸だ。

動かなくなってしまった車の中で「またやられちゃったな」と思った。何十年も毎日運転してきて、車が勝手に動いてしまうことなど、もちろん一度も経験したことがなかった。からだに衝撃が浸透していくのがわかった。


とにかく車の状態を見てみよう。ようやく重い腰を上げた。外に出て左側に回って見てみると、タイヤから助手席にかけて、見るも無惨なことになっていた。相当スピードが出ていたのだと思われる。下手すれば、人を巻き込んでしまっていたかもしれない。私も大怪我していたかもしれない。そうならなかったのは、ほんとうに不幸中の幸いだった。

全損した愛車

長年乗っていた愛車がぶつかる瞬間に、私が怪我しないよう、そして人に被害を与えないようによけてくれたように感じた。

気づくと、「ごめんね、ごめんね。こんなことになっちゃって。ほんとうにごめんなさい」と泣きながら車に謝っていた。

道を行く人々が、車を見て息を呑んだり、驚いた顔で通り過ぎていく。「あなた、この事故でよく無事だったね」と、声をかけてくれる人もいた。

ようやく我に返り、気持ちが落ち着いてきた。運転席に戻り、迷惑をかけてしまっている勉強会のサポートをしてくれている人や、保険会社に連絡を取り始めた。そうしながら頭をよぎるのは、デイヴィッド・ウィルコックやマックス・スピアーズの話だった。

デイヴィッド・ウィルコックは、下りの山道で突然車のブレーキが効かなくなり、間一髪助かったが、非常に恐しい思いをしたと言っていた。

内部告発を活発にしていた元スーパー・ソルジャーのマックス・スピアーズは、運転中の車をリモート・コントロールされて木に激突し、死亡してしまった。

ウィルコックによると、米国では政府や政府の諜報機関が民間人の車を外からリモートコントロールすることは「合法」らしい（タイムラインが変わった今となっては、過去のことかもしれない)。

だが、私なんかをわざわざターゲットにしないだろうし、ほんとうに車をリモートコントロールされたのかどうかも確かめようがないのだ。とはいえ、この時ばかりは「ジャマナニンゲン、ゼンブコロス」というような、強い憎しみと殺意を感じたのは事実だ。

カバルたちは、今さら状況を変えられないことを知っている。5次元チェスの盤上では、とっくに負けてしまったこと、「王手」を言い渡されるまでに、あと何手残っているのかも、カバルたちはわかっている。それでも粛々とゲームは続けられ、ジ・エンドになった時、彼らに残された道は極刑しかない。

次第に深まっていく絶望の中で、カバルは止めることのできない人間への憎しみや嫉妬、身勝手な怒りを手あたり次第にぶつけてきていたのではないだろうか。

ダークマジック・ナイト——突然の気絶に見舞われて

2つ目の強烈な出来事が起きたのは、衝撃的な車の事故から約半年が過ぎ、そのショックとトラウマからようやく立ち直りつつあった、2023年初夏のことだった。

その夜は、自宅からビデオ通話により『トランス　フォーメーション・オブ・アメリカ』（ヒカルランド、2023）の著者であるキャシー・オブライエンのインタビューをおこなっていた。

キャシー・オブライエンは、生まれた時からマインドコントロールと虐待の環境に育ち、信じがたいような過酷な人生を体験してきたにもかかわらず、彼女を泥沼から救出したマーク・フィリップスとともに根気強くマインドコントロールを解いていった。時間をかけて自らトラウマを癒やした彼女は、いまでは宇宙最強の愛の中に生きる素晴らしい女性だ。

キャシーとパートナーであるマークのことは、動画などで見て知っていたし、ずいぶん前から気になっていたが、キャシーが出演しているドキュメンタリー映画『トランス〜キャシー・オブライエン・ストーリー』を観た時には、心が震えた。

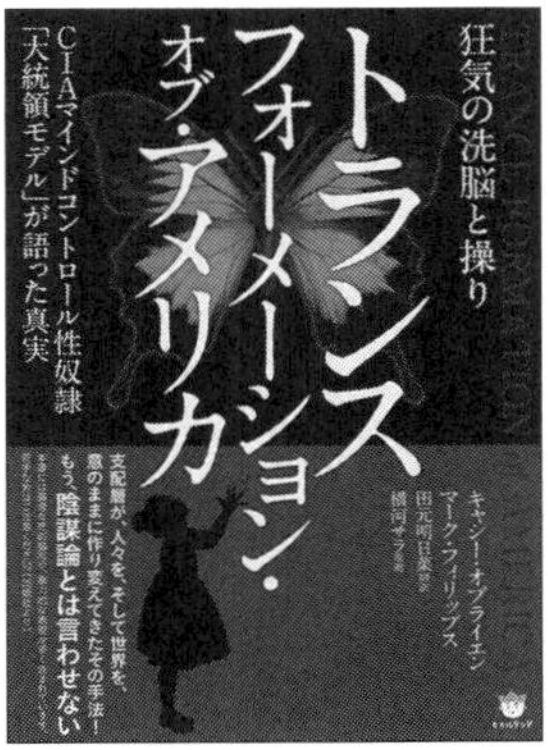

『トランス・フォーメーション・オブ・アメリカ』

ぜひキャシーの生きてきた道、現在の彼女の素晴らしさを日本の人々にも知ってもらい

たいと思い、キャシーとマークの著書である『トランス　フォーメーション・オブ・アメリカ』の推薦文を書かせてもらった。また、映画『トランス～キャシー・オブライエン・ストーリー』の日本語字幕のプロデュースをしたところだった。

日本語版『トランス　フォーメーション・オブ・アメリカ』の出版記念セミナー用にインタビューをお願いすると、キャシーは快諾してくれた。

初めて会話するキャシーは、パワフルで誠実で、思いやりのある素敵な女性だった。会話が楽しく盛り上がってスムーズに進行し、インタビューは無事に終了した。

キャシーにさよならを言って、ほっとしながらZｏｏｍの画面を閉じたとたん、びっくりすることが起きた。

椅子に座ったまま、からだだけが急激にブルンッと急速に回転したのだ。その勢いで椅子から放り出され、床に転げ落ちてそのまま気を失ってしまった。

意識が戻るまで、どのくらい時間が経ったのだろう。はっと気がついた時には、うつ伏せの状態で床に転がっていた。からだのあちこちが痛んだが、両腕で踏んばって上半身を起こしてみた。見ると、床に点々と血がついている。後頭部を触ると小さなコブができていた。椅子から落ちた時に、頭をぶつけて出血し、その血が床に落ちたようだった。朦朧としながら少しの間そのまま床に転がっていたが、とにかく着替えようと、のろのろと起き上がった。

着ていたTシャツを脱いだ瞬間、びっくりした。Tシャツの内側に多量の血がベットリついているのだ！　頭のコブになっているところからこれほど多量に出血をしたとも思えなかった。それ以外には、打撲傷はあったが出血はしていない。いったいどこから、こんなにたくさんの血が？　これはもしかして……。自分の血液なんだろうか？

久しぶりに背筋がゾク～ッとした。ホラー映画の中に迷い込んだ気分になった。しかもこの時は「ムンクの叫び」の絵文字30個分くらいのインパクトが十分にあったのだ。キャシー・オブライエンとのインタビューが、どこかの誰かを刺激しちゃったのかもしれない。思えば、カバルの中には黒魔術のマスターや使い手たちがいるのだ。

だが、もう怖いとは思わなかった。ここまでの数年間に起きたことのおかげで、すっかり恐怖に対して居直ってしまったのだ。何か起きるたびに、自分の弱点やダメな部分、意識が届いていない部分を思い知らされてきた。めげそうになりながら、そのたびにリセットしてまた立ち上がることの繰り返しだった。

この地球のタイムラインを生きるためには、覚悟とトレーニングが必要なんだよ、と言われているような気がした。

インタビュー中にコンピューターやインターネットがダウンしなくてほんとうによかった。気を失ったって、血だらけになったたって、とにかくインタビューはしっかり終えたのだから。

そんなことを思えるくらい気持ちは明るかったが、頭のコブもからだもあちこちが痛かった。ソファに倒れ込み、次の日まで猫のように丸くなってじっとしていた。マカバフィールドが弱々しくなっているのを感じていたが、さすがにこの時はマカバに息を吹き込む元気も出なかった。

こういう時はもう、宇宙にまかせるしかない。起きることにはすべて意味がある。とにかく今はそれを信頼しよう。いっぱい寝てからだを労わろう。そうすればきっと、少しずつ元気になれるだろう。

しかし、病院に行こうとは思わなかった。

特にコロナ騒動が始まってからは、病院に対する不信感が増していたこともあるが、子どもの頃からヘタレだった私は、ほんとうにからだが元気になるものを熱心に探して続けできた。そうしているうちに、サプリメントやホリスティックな機器に依存しているだけでは、根本的には元気になれないことがわかってきた。

やみくもに酷使した挙句、自分でからだの声も聞かず、調子が悪くなったら病院に行って治してちょうだい、と自分のからだを人まかせにしてしまっていた自分に、目を向けざるを得なくなったのだ。

細胞や臓器はみんな意識を持っていて、お互いに相談し、協力しあっている。からだは、その中に入っているスピリットに常に寄り添い、スピリットの想いを実現しようとしてくれているのだ。

からだとは、自分でコミュニケーションを取ればいい。不調になったり、バランスを崩している時は、からだに聞けば必ず、どうすればよいか教えてくれる。

少しずつ、それがわかってきた。そうやって、からだとコミュニケーションを繰り返しているうちに、少しずつ信頼関係ができてくることを知った。

「こんな目に遭わせてしまってごめんなさい。どうしたらいいかな？」この時も、からだに謝りながら聞いてみた。

からだは具体的に教えてくれる。

「頭のコブは、コロイダルシルバー（古来天然の抗生物質である液体銀）で消毒し、MSM（天然イオウ化合物クリーム）を塗り込むこと。いつもよりたくさん水を飲むこと、ビタミンCと他のビタミン、ミネラルをいつもより多めに摂取すること。そして、とにかくたくさん眠ること！」

「わかった、そうするね。ありがとう」とお返事をした。

それだけでなく、この時もまたアーキエンジェル・マイケルをはじめ、見守ってくれている光の存在たちに大いに助けられて、少しずつ回復していくことができたのだった。

いつも見守ってくれて、助けてくれて、ほんとうにありがとう。

感謝の気持ちが自然にあふれ出してくる。自分から発した感謝のバイブレーションにからだが包まれると、それがヒーリングエネルギーとなり、内側から元気が戻ってくるのがわかった。

ピタリと止んだ攻撃

２０１９年の夏から続いていた「攻撃」は、２０２３年の後半に入ると、不思議なくらいにピタリと止んだ。

防衛モードのスイッチが入りっぱなしになっていたが、攻撃が来なくなってしばらく経つうちに、少しずつリラックスできるようになっていった。

その頃から、刺々《とげとげ》しく人間を押さえつけ、締めつけるような空気が少しずつ変わり始めるのを感じた。

「もう怖がらなくても大丈夫だよ、思ったことを自由に発言したり、行動していいんだよ」というバイブレーションがあらゆるところに静かに広がりつつあった。

２０２４年に入ってからは、この変化を感じとる人が少しずつ増えてきて、ついに集合意識全体が変化しだしたようだ。

ワクチンの薬害に対して人々が立ち上がり始め、メディアが流すニュースを冷静に客観的に見つめる人も断然多くなってきた。

現実に起きることは、すべて私たちの意識の映し絵、つまりホログラムだ

私たちは、自分の内側にあるものを外側に映し出し、それを現実として見ている。自分の現実はすべて自分で創っているのだが、私たちは自分ではない誰かが創ったものだと思い込んでいるのだ。

私が「攻撃」に遭っていた4年間のことを誰かのせいにするのは容易い。たしかに最初の頃は「闇の勢力には負けないぞ〜」とばかりに、外側の「敵」に意識が向いていた。だが、最も手ごわい「敵」は、他でもない自分の中にいる。私自身がステップアップしない限り、課題は繰り返しやってくることを学んだ4年間だった。

『Vフォー・ヴェンデッタ』という映画を観たことはあるだろうか？

今ならこの映画がホワイトハットの脚本だということがはっきりわかるのだが、公開された2006年当時には、この映画の真意を理解できる人はほとんどいなかったのではないかと思われる。この映画は、そのまま現実におけるホワイトハットの「ザ・プラン」なのだ。

この映画に登場する、まだ目覚めていない、多くの怖れをかかえた女性イヴィーは、アノニマスの仮面を着けた男性Ｖ（ヴィー）と出会い、ハードに鍛えられていく。そうやって自分の中にある恐怖の根源を体験として知り、ほんとうの自分に目覚めていく。

私が体験した４年間は、これと少し似ているかもしれない。ステップアップするために、どうしても必要なトレーニングを宇宙が与えてくれたのだと、今は思っている。

そしてこのあとも、スピリットの旅は果てしなく続いていく。

〈画像引用元〉

「あれは虫？　それともドローン？」

https://www.roboticstomorrow.com/article/2016/12/was-that-an-insect-or-a-drone/9265

ドローンについてのSGアノン　X投稿

https://x.com/TheQNewsPatriot/status/1736213217125281820/photo/1

キャシー・オブライエン&マーク・フィリップス著 「トランス・フォーメーション・オブ・アメリカ」

https://amzn.asia/d/dkDwITE

キャシー・オブライエン 映画「トランス」(日本語字幕版)

https://vimeo.com/ondemand/trancecathy

第二章

カバルのタイムラインはすでに消滅している

――意外にも光に満ちた世界線はすぐそこに！

知ることのパワーは自分を守る鎧になる

2020年に始まり数年間続いたコロナ・プランデミックにより、世界中の人が酷い体験をしたが、それがきっかけとなって多くの人が現実という名のマトリックスに疑問を持つようになり、リサーチを始めたのだ。今という時代は、インターネットであらゆることを検索し、SNSですぐに情報を交換することができるため、昔とは比べ物にならないほどリサーチしやすくなった。

エイズが流行した頃は、ここまでスピーディに情報が巡ることは、まずなかっただろう。ましてや、ペストが流行した時代には、口コミの情報と憶測が飛びかって、それが人々の恐怖を膨らませたのではないだろうか。

Qの投稿から始まったホワイトハットによる巧みな情報のリードもあり、多くのアノンやパトリオッツと呼ばれる人々が根気よくリサーチを続け、得た情報を発信したおかげで、私たちはそれまで気づきもしなかった多くのことを学ぶことになった。

私たちは気が遠くなるほどの長い間、支配者たちが構築したシステムの中でマインドコントロールされ、搾取され、奴隷化されてきたことが、今でははっきりとわかってきたのだ。

知ることはパワーである。

知ることで、見えていなかったものごとのつながりが見えてくる。そこから、「自分には何ができるのか？」という質問が生まれ、自分自身でその質問に答えていくうちに、自分のできることが見えてくる。立ち上がる勇気が内側から湧き上がってくる。

カバルが自分たちの存続をかけた計画だったであろうコロナワクチン・プランデミックは、結局のところ人間が本来持っている真のパワーを私たちに思い出させてくれた。その結果、カバルたちはますます自分で自分の首をしめることになった。

私自身、電磁波や医療や薬品に関する危険を身をもって知ったことで、ここが戦場であること、この戦いの中でどうやったら生き延びられるかを必死に探すことになった。

いくつものホリスティックな方法や、何を食べるべきか、食べてはいけないかも、知ることができた。つらいニュースとしては、周りを見渡しても、食べても大丈夫なものはほんの僅かしかないという厳しい現実だ。だがその状況も、少しずつ良い方向に変わって来つつある。

もっとも厳しい現実だと感じたのは「水に注意しろ」の言葉通り、毎日飲んだり使ったりする水道水のことだ。カバルたちは公表することなしに、水道水に有害なものを混ぜ込む。だが、私たちのからだは70％かそれ以上が水分なのだ。きちんと浄化した、信頼できる水を得ることが最初の大切なステップだ。

カバルが水道水に混ぜ込んだ有害物質を浄化するには蒸留水を作るのが一番だが、これにはなかなか手間がかかる。蒸留水に一番近い状態にできるのは、ＲＯ浄水器（逆浸透膜浄水器）だ。日本にはいくつものＲＯ浄水器メーカーがあるので、調べてみるといいと思う。

健康なからだに健全な精神は宿る、と言われる通り、自分や家族の健康が一番だ。気になることはすぐに調べて、できることから始めよう。

カバルの経済と金融のシステムがどういうものだったのかを理解すると、もうそこまで来ているＱＦＳ新経済システムへの移行が本気で楽しみになるだろう。これについては情報が多く出回っているので、リサーチするのは比較的容易だと思う。マイケル・テリンジャーが書いた『ウブントゥ』の第一部を読むと、カバル経済システムの全貌が見えてくる。いかに私たちが搾取されてきたかがよくわかる。

『ウブントゥ』

そこまでやるか？　というほどにカバルは地球を痛めつけてきた。

世界中に蔓延させた化学物質によって空も水も土壌も汚され、人間を含むすべての生命体が傷つき、弱り、死んでいくところだった。元気なのは、カバル同様に人間の血を吸う蚊ぐらいだ。

いまの地球で、喘息になったり化学物質過敏症になるのは、至極自然なことだと感じる。それは病気ではなく、正常に感覚器官が機能して生命の危険を知らせてくれているのだ。

最近私が知ったショッキングなことのひとつに、プラスティック歯ブラシのことがある。プラスティックでできた歯ブラシが世の中を席巻する以前は、馬や豚の毛の歯ブラシを使用し、ニームなどの植物や塩でうがいするというのがオーラルケアの方法だった。

だが、1938年にテフロン製のフライパンで悪名高いデュポン社がプラスティック歯ブラシを売り出した。プラスティックの歯ブラシは、歯のエナメル質を傷つける。

プラスティック歯ブラシを使う → エナメル質が傷ついて虫歯になる → 歯医者に行く → もっと一生懸命プラスティック歯ブラシで歯を磨く、というサイクルが見えてくる。こういうことが、彼らのビジネスモデルの基本なのだ。

その観点から世の中を見渡すと、人間を傷つけたり弱くしたり、困らせたりして需要を作り出し、それをビジネスと呼んでいるものが何と多いことだろうか。

しかし、これから始まる新しい経済システムには、そういうビジネスは乗っかって来れなくなる気配が濃厚だ。


よくも微に入り細に入り、カバルたちは人間に対して酷いことをしてきたものだ、と呆れてしまうのだが、それが彼らの本質だということが、調べれば調べるほど明らかになっていく。

彼らにはハートがないのだ。またはハートがすっかり退化してしまい、ハートチャクラを失っている。ハートとは、宇宙の創造主とつながるための聖なるポータルのことだ。ハートがないと、宇宙の本質である愛を決して理解できない。愛のパワーを享受し、それを放射することができないのだ。

真の人間であれば、どんなにマインドコントロールされていても、深い眠りについてしまっていたとしても、ちゃんとハートを持っている。自分の意思や何かのきっかけで目を覚まし、再びハートから生きることが可能なのだ。カバルにはそんな力を持つハートがない。

私たちは少しずつ情報を発見し、伝えあい、隠れている「人類の敵」がいることを知った。そして、それが誰であるかを具体的に突き止めていった。

情報は身を守る鎧であり、嘘を突き崩す光の剣である。知ることはパワーなのである。

光のタイムラインへ

2024年4月8日、皆既日食が起きたことは記憶に新しい。

アメリカ東部を横断したこの皆既日食は、ニネヴェという古代都市の名前がつけられた複数の町の上空を通過し、その軌道がＮＡＳＡのロゴマークに描かれている蛇のようなカーブに類似していることもあって、あれこれ話題になっていた。

それだけでなく、皆既日食にタイミングを合わせて、停止していたセルン（スイスにある原子核実験の巨大な装置）を再稼働させたらしい、という噂も飛びかっていた。

実はこの皆既日食、ホワイトハット・ミリタリーの中枢であるＵＳＳＦ（米国スペースフォース）が創り出したものだったのだ。とはいえ、かつての月面着陸のようにスタジオでグリーンスクリーンをバックに撮影されたフェイクではなかった。それは、自分の目で実際に皆既日食を見た人の多くが、ＳＮＳに写真や動画を投稿していたことからもわかる。

「スペースフォースは、皆既日食をも作り出せるテクノロジーを持っているんだよ」とパスカル・ナジャディは言う（パスカルについては、第三章で詳しく説明しよう）。

創作された皆既日食の裏では、ホワイトハットがとてつもないことをやっていた。人々が皆既日食に気を取られている隙に、彼らは停止していたセルン（スイスにある原子力研究機構）を一時的に再稼働させ、それを使ってタイムラインを移動したのだ。

カバルのタイムラインから、もはやカバルの存在しない光のタイムラインへジャンプしたのだという。私たちの現実に対する感覚が瞬時に変わるわけではないが、変化は少しずつ私たちの意識の中に浸透して、それが集合意識のグリッドに広がっていくだろう。

その兆候として、あちこちで思いやりのある親切な行為を見かけたり、何となく幸せな気配が漂ったりしていることに気づく人が増えているようだ。タイムラインとは何かを明確に理解しているわけではないが、直感的にタイムラインが移動したことを感じるのは、私だけだろうか？

これはもう、歌って踊ってお祝いしたいところだが、まだ課題が残っていることも事実だ。それは、私たちの意識の中に、信念体系や行動基準の中に、いまだカバルが残存していることだ。

ホワイトハットが長い年月をかけて、多くの命を犠牲にして、人類のために用意してくれた新しい世界を享受するためには、まずは私たちの内側に巣食っているカバルを退治する必要があるのだ。

カバルが作った社会、つまり人類を囲いの中で奴隷化するための構造は、もはや幻想なのだが、多くの人がいまだにそれを「現実」だと信じて疑わず、その中で生きている。

今となっては囲いの扉は開きっぱなしになっていて、その向こうには、エキサイティングな新しい世界が広がっているのだが、自分のマインドの産物であるこの幻想の囲いから解放されるためには、自分でそれを選択し、決心して立ち上がり、自分の足を使って出てくるしかすべはないのだ。

少しでも早く、一人でも多くの人がそのことに気づけるように、ホワイトハットは毎日休みなく、現実という名の劇場で〝映画〟を上映している。

信じられない人も多いと思うが、テレビで流されているアンチ・ホワイトハット的なニュースでさえも、ほぼすべてホワイトハットによる映画である。もう何年ものあいだ、私たちは映画を見ているのだ。だからこそ、Qは「ポップコーンの用意はいいかい?」と何度も投稿し、チャーリー・ワードは「すべてはパントマイムなんだ」と何百回も繰り返し言い続けてきたのだ。

思えば10年以上前、ドランヴァロ・メルキゼデクは「地球はすでに4次元に入っている。だが、人間の意識が追いついていないので、地球は3次元のバブルを作って私たちに幻想を見せてくれているんだよ」と言っていた。そしてなんと、ホワイトハットは3次元バブルの映画を山ほど作り続けて、私たちの意識が壊れてしまわないようにしてきたのだ。

もはや、自分自身でステップアップして周波数を上げていかない限り、3次元バブルから抜け出て4次元、5次元へと上昇できないことがはっきりしている。

ホワイトハットは私たちに映画を見せ続けることで、無言でそれを促しているのだ。

私たちはもっと良い世界で生きることを望んでいる
平和で自由で豊かな、しあわせな世界
それが早くやって来ないかと、心待ちにしている
だが、私たちが待っていたものは、決して外側からはやってこない
私たちが待っていたものは……私たち自身だったのだ

さて、セルンはどうなったのだろうか。

パスカルによると、スペースフォースはタイムラインを移動したあと、セルンを二度と使えないように処理したとのことだ。

もともとカバルたちがセルンが作った目的は、地球のコアに閉じ込められている極悪な存在たちを地上に呼び戻すことだったと言われている。グレートホワイトブラザーフッドのドリール博士の本に、この極悪な存在たちのことが書いてあったのを記憶している。

ある時、極悪な存在たちが地球にやってきて、彼らのそのあまりの周波数の低さと重さに地球が破壊されそうになったため、彼らは地球の深いところに閉じ込められた。青い色をした目のない善良な存在たちが、少しでも彼らが光を吸収できるようにと、光のかけらを運んできては、その闇深い存在たちに向けて投下している、という話だったと思う。

カバルが地上に呼び戻したかったのは、この極悪存在たちのことなのだろうか。

この極悪存在たちは、今はどうなったのだろうか。

地球の内部には、私たちがまだ知らないことがたくさんある。

それだけではなく、南極の秘密とフラットアースのこと、海中に広がる驚くべき世界のこと……。私たちはまだ何もわかっていない。

ホワイトハットによる舞台裏の激しい戦闘のリアル

「やつらが狙っているのは、私ではない。君たちだ。

私は、君たちとやつらの間にいるだけなんだ。」

（ドナルド・J・トランプ）

このトランプ大統領の言葉の通り、私たちは常に狙われてきた。

政治、政府機関、経済などの社会システムが私たちを奴隷にして支配するための構造だっただけでなく、人間の子どもたちを好んで食糧にするレプタリアン、人間のDNAが欲しいがために人体実験を繰り返すグレイたち、レプタリアンやグレイたちとがっつり手を組んだ軍産複合体、ダークマジック儀式、ペドファイル、臓器売買……。人類は常にターゲットにされ、食いものにされてきたのだ。

地球に生まれ落ちた時から「囲い」の中で暮らしてきた私たちのほとんどは、真実を知る由もなかった。「囲い」の中で私たちに与えられる情報や知識は、支配する者たちに都合のよい嘘ばかりだったからだ。

だが、ほんとうは何が起きているのか、わかっている人々が密かに存在していた。

この人々は、闇の存在たちから地球と人類を守るためにずっと戦ってきた。

いまおこなわれているのは、その人々のリードのもとで地球のすべての戦争を終わらせるための最終戦争だ。彼らはホワイトハットと呼ばれている。

ホワイトハットは私たちに〝映画〟を見せながら、その裏舞台では非常に激しい戦いを続けてきた。地下にいたドラコ・レプタリアンたちは、銀河の兄弟姉妹たちのヘルプにより、地球から追い出された。レプタリアンの地下基地に突入し、接近戦で爬虫類族と戦ったアース・アライアンス（地球防衛軍）の兵士たちはどんな気持ちだっただろう。映画『ジュピター』の中で、レプタリアンの兵士たちや宇宙船が描かれているが、それがびっくりするくらいリアルだったと、元SSP（シークレット・スペース・プログラム）インサイダーのコーリー・グッドが話していた。また、レプタリアンと戦った記憶がトラウマになってしまった兵士たちがいる、とも言っていた。

何年か前に、世界中で火球が落ちていく現象が見られた。日本でもニュースになっていたので、記憶している人も多いと思う。すべてではないかもしれないが、地下に潜んでいたレプタリアンたちが攻め入られ、もはやこれまで、と宇宙船に乗って逃げ出すところを上空で待ち構えていた銀河連合の艦隊が撃ち落としたのが、火球の落下だったと言われている。

エレナ・ダナーンを通して伝えられる銀河連合艦隊のコマンダー、ソーハンからの情報によると、地球だけでなく銀河の多くの人々を苦しめてきたドラコ・レプタリアンは、銀河連合や連携する宇宙存在たちによって、この銀河からほぼ追い払われたとのことだ。

地球人のＤＮＡ欲しさに地球にやってきたグレイたちは、軍産複合体と協働でさまざまな悪事を働いていた。エレナ・ダナーンの情報によると、数年前、銀河連合が地下にいたグレイを何体かを捕えて冬眠状態にすることに成功したという。それにより、捕らえたグレイたちがつながっているグレイ・ハイブの女王蜂（中枢）を突き止めることが可能になったとのことだった。世界の多くの人に利用されているFacebookの背後には、人類をモニターする目的のグレイがいた。だが、今ではそれも過去の話となっているようだ。

また、地上に暮らす私たちは、地下のことをほとんど何も知らないのが現状だ。

世界中の地下にはトンネルが張り巡らされ、新幹線に似た形をしたマグレブという乗り物が行き交い、それが闇の存在たちのアジトともいえる基地を結んでいた。総じて「地下トンネル」という呼び方をするが、実際には完全な都市なんだ、とリカルド・ボシは言う。

私が知る限り、最初に米国の地下に張り巡らされた手書きのトンネル・マップを公開したのは、ジーン・ディコードだと思う。ジーンのマップが公開された後、バチカンとイスラエルを結ぶ長いトンネルがあり、そこは金（ゴールド）で埋め尽くされているという情報が出てきた。押収したバチカン・ゴールドを米軍基地へ運ぶために、米空軍の4つのエンジンを搭載し、戦車さえ運べる大きな飛行機C－17グローブマスターが、バチカンと米軍基地の間を650回も往復しなくてはならなかったという。

また、バチカンの地下には多くのスクロール（巻物）を含む膨大な蔵書が保管されていた。消失したとされているアレキサンドリア図書館の蔵書もここに含まれているらしい。これらの蔵書もホワイトハット・ミリタリーが押収し、一冊ずつデジタル化しているという話がある。

C-17グローブマスターは米空軍が保有・運用する、主力の軍用長距離輸送機。大型貨物の長距離輸送能力と、短滑走距離での離着陸が可能な性能を持つ

トランプのワールドツアーは、カバルのホワイトハットへの降伏の暗号だった

2017年の初夏から、表舞台ではトランプ大統領がメラニア夫人とともに世界ツアーを断行していた。世界各国を巡ったこのワールドツアーは、「降伏ツアー」とも呼ばれている。トランプが訪問した国々のトップにいたカバルたちが、軒並みホワイトハットに降伏したことを暗号的に世界に知らせるものだったからだ。

まずはサウジアラビアに行き、伝統ある「剣のダンス」の中心人物としてトランプ大統領が登場。続いてすぐにイスラエルに行き、嘆きの壁を訪問。バチカンでは大きなトラックに轢かれた直後のような渋顔の法王の隣に立って、

ローマ法王とトランプ

子どもみたいに勝ち誇った笑顔のトランプがいた。ダボス会議では欧州のトップたちの前で自分がボスであることを見せつけた。

トランプは南米諸国も訪問、ブラジルではトランプが訪問した直後に、神がかったヒーラーと謳われたジョン・オブ・ゴッドがペドファイルの罪で逮捕され、世界に衝撃が走った。

2019年5月に来日した時には、トランプは土俵に上がり優勝力士にカップを手渡した最初の外国人となった。

同年6月はじめにイギリス王室へ行き、わざと遅れてやってきたトランプ大統領はエリザベス女王の前を歩き、チャールズ皇太子をよそに衛兵に親しく話しかけた。これをメディアは、「トランプは傲慢だ」とさんざん叩いていた。

優勝力士にカップを渡すトランプ

同年6月30日には、北朝鮮にて笑顔の金正恩に出迎えられ、トランプは金正恩とともに国境線を歩いて越えた。これが「降伏ツアー」の最後だったと記憶している。

北朝鮮訪問の様子はライブ放映されていたが、国務長官だったマイク・ポンペオが、ライブでインタビューを受けながら冷や汗をかいていたのが印象的だった。ちなみに、ポンペオは元ＣＩＡ長官だった人だ。トランプの大統領任期が終了して少したった頃、誰が見てもわかるくらい違うルックスになって出てきた。つまり、もとのポンペオはどこかへ行ってしまったようだ。ルックスが「激変」する少し前に、彼は「犬の写真」を複数回ツイッター（現Ｘ）に投稿していた（＊犬の写真はドッグコムと呼ばれ、誰かが亡くなる、または亡くなった時に暗号として使われる）。

カバルの地下アジト壊滅作戦——子どもの人身売買の撲滅へ

この華々しくも謎に満ちた「トランプの降伏ワールドツアー」にみんなの目が行っている間にも、ホワイトハットによる激しい地球防衛戦争は止むことなくおこなわれていた。その戦場は、ほとんどが地下だった。

カバルの地下アジト壊滅作戦のために、米国はじめ世界各国の兵士たちが動員された。トランプは１００万人の州兵を投入したと言われている。兵士たちは誰もが、命をかけて人類存続のために戦う名もなきヒーローたちだ。

この地球防衛軍は、今までに1万以上もの地下トンネルを破壊したという。多くの地震や噴火、洪水、雷などのニュースが、メディアやSNSを駆け巡ったが、ほとんどはこの地下アジト壊滅作戦から来るものだった。
D.U.M.B.(Deep Underground Military Base／地下トンネル)において一番の急務は、そこに捕らえられて酷い目に遭っている子どもたちの救出だった。子どもたちだけではなく、若い女性たちや、遺伝子実験によるハイブリッドの子たちもいた。地下で生まれ、地上の太陽の光を見たことのない子たちもたくさんいたのだ。

トランプが大統領に就任してまず最初におこなったのは、人身売買の撲滅宣言だった。今思えば、それは「純粋無垢な人の子を傷つけるカバルたちは絶対に容赦しない」というホワイトハットの闇の者たちに対する明らかな宣戦布告だったのだ。

ニューヨーク市の港に、巨大なミリタリーの病院船が横付けされたのを覚えている人も多いと思う。表向きはコロナ患者の

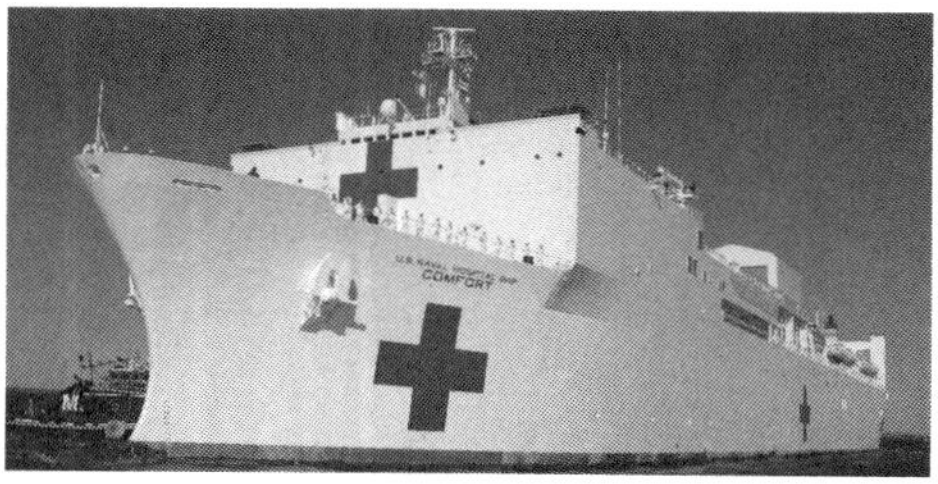

巨大なミリタリーの病院船

治療をするための病院船ということになっていたが、実際には地下トンネルから救出された子どもたちの治療のために使われていた。メドベッドも使用されていたという。

同時期にファーストレディのメラニア・トランプが、〝Be Best〟（ベストな自分になろう）というキャンペーンを立ち上げた。子どもたちと愛情たっぷりに交流するシーンが多くSNSに載せられたが、その中には病院船の子どもを見舞うような写真もあった。今になって思えば〝Be Best〟キャンペーンは、人身売買は絶対に許さないという、ホワイトハットによる断固としたメッセージだったのではないかと思う。

地下で亡くなってしまった子たちの小さな棺が土に埋められて行く動画がSNSに流されたこともあった。また、遺伝子実験によって生まれたハイブリッドの子の中には、地球人にはとても手に追えない状態の子たちもいて、その子たちは、銀河連合のチームが彼らをケアできる環境の星に移動させたということだ。

子どもが誘拐され、行方不明になり、戻ってこない。

ファースト・レディのメラニア

そうした悲しい事態は世界中で起きており、世界で毎年約800万人の子どもたちが行方不明になってきたのだ。

1990年代からディスクロージャー活動をしているアンドロメダン・コンタクティのアレックス・コーリエは「レプタリアンは人間を食糧とし、特に子どもを好んで食べる」と言っている。ヒマラヤの地下には凶悪なレプタリアンたちが住んでいて、地上に住む子どもたちを奪いに来ていた。レプタリアンから子どもたちを守るために修行した人々が、仙人のようなスーパーパワーを身につけるようになっていったという話もある。

凶悪なレプタリアンだけでなく、子どもたちを儀式に使い、苦しめ、殺害し、抽出したアドレノクロームを飲み、それをビジネスにする冷血なブルーブラッドたちもたくさんいた。そういった犯罪者は、私たちが顔を知っている政界のトップたちやハリウッドの大金持ちたちの中にもたくさんいたことが知れ渡っていった。

だが、主要な犯罪者たちはすでに捕らえられているものの、いまだに逃げ回ったり隠れて犯罪を続けている者たちがいて、2024年10月現在、その犯罪者たちを探して捕らえる作戦がいまだ続いているとのことだ。

ほとんど表沙汰にならないが、日本でも以前から子どもが売り買いされてきたことは想像に難くない。

『赤い靴』という童謡があるが、この歌の歌詞はいったい何を意味しているのか？

そもそも、「子供」という言葉の語源はどこにあるのだろう？　もしかすると、「子供＝子を供物にする」という意味ではないのか？　そう思いついてしまってからは、「子供」という漢字が使えなくなってしまった。

もちろんこれは私の憶測ではあるのだが、感覚的にはできることなら「子ども」と発音することもしたくないのだ。とすると、「お子たち」と表現すればいいのだろうか？

これ以上のことはもうここに書きたくないし、私がいまだに知らないおぞましい事実がまだまだたくさんあるだろうと思う。私たちがそれを知る心の準備ができるまで、まだ時間がかかるのかもしれない。

この戦いの真相はどこにあるのか

ディスクロージャーのリサーチに飛び込んだ頃、この最終戦争と呼ばれる戦いは、トランプ大統領誕生の数年前に始まったのだろう思っていた。だが、リサーチを重ねていくうちに、そうではないことがだんだんわかってきたのだ。

この最終戦争は、少なくとも60年以上続けられてきている。つまり、1963年にジョン・F・ケネディ大統領が「暗殺された」時から戦われてきたことがわかってきた。

もっとさかのぼれば、戦いはリンカーンの時代、さかのぼって米国独立戦争の時代、そして起源を辿ると、二千年の時を経て続けられてきた闇と光の戦いであることがわかってきた。

そしていつの時代にも、闇と光の戦いの中枢、ホワイトハットの中枢には……Qがいた。

Qとは誰なのか、何が起きてきたのか。ひと言で説明することはとてもできない。ここからは、私が得た情報をジグソーパズルのピースのようにひとつひとつ置いていこう。

私たちが真実だと思い込まされてきた「歴史」の裏に隠れていたほんとうの真実を立体的に理解していくことが大切だ。その際にはまず、自分の中にある、学校で教えられたこと、世間の常識、宗教を含む信念体系などを、いったんすべて脇に置く必要がある。

直感と感覚をフルに使い、そこに思考を重ね合わせながら、自分自身で立体的なジグソーパズルを構築していってもらえたらと思う。

〈画像引用元〉
ジーン・ディコード　ランブル動画チャンネル
https://rumble.com/user/RealGeneDecode
ブライアン・アルディス博士「Watch the Water（水に注意しろ）」ランブル動画チャンネル
https://rumble.com/v10mnew-live-world-premiere-watch-the-water.html
チャーリー・ワード・ウェブサイト
https://charlieward.tv/

第三章

超ディープなディスクロージャーが始まった

——悪を演じる人々をあなたは見抜けるか？

ディスクロージャーは一滴ずつ

「ドリップ、ドリップ、ディスクロージャー」という言葉がある。情報を一度に開示せず、水出し珈琲のように一滴ずつゆっくり開示していく、という意味だ。

一挙に真実を明らかにしてしまうと、人間のマインドがついていけなくなり、思考体と感情体のバランスが保てなくなる危険性がある。そのために、ホワイトハットは注意深く私たちの意識の状態を見つつ、まるで意識不明の人に注意深く点滴をするかのように、ていねいに一滴ずつ真実の情報を落としているのだ。

長い間リサーチを続けてきているアノンたちの中には、予想に反して変化が表面化するのに時間がかかっていると感じたり、なかなか目覚めてくれない周囲の人々に苛立ちを感じる人も少なくないのだが、「ドリップ、ドリップ、ディスクロージャー」は必要不可欠なプロセスなのだ。

オーストラリアのリカルド・ボシは、「ホワイトハットは、人類の意識という巨大な群れを引き連れながら前進している。群れをリードするためには、自分だけ早く行けばいいというものではない。全体を見ながら、群れの後ろの方も含めて全部を動かさなくてはならないんだ。そのために、彼らは少しずつ進んでいる。ホワイトハット／Qも、ゲームのプレーヤーたちも実にタフで、この大仕事を素晴らしく上手くやっているよ」と言う。

ここにきて、意識の群れの前方と後方のスピードの差が大きくなっている、つまり意識のグラデーションの幅がかなり広がってきたようだ。ホワイトハットは、そういうところを見ながら、情報の出し方や群れのリードのしかたを微調整しているのだろう。

リカルド・ボシ

私たちに情報をもたらしてくれるインサイダーたちも、それぞれ群れのどのあたりに向けて情報を発信するのか、明確に分かれているのが見てとれる。

ＱＦＳ（量子金融システム）の公式スポークスマンであるチャーリー・ワードは、情報発信を始めた頃にさまざまな人々とたくさん話をしたいと思っていたそうだ。ある時、べストセラーとなった『金持ち父さん　貧乏父さん』の著者であるロバート・キヨサキとプライベートで話が盛り上がり、ぜひインタビュー動画を撮ろうと誘ったところ、ロバートに「それはできないことになっている」と断られたそうだ。

チャーリーとロバート・キヨサキは、それぞれ違う意識層に向けて話をしていることがわかる。群れの前の方を早足で歩いている人に向けて発信される情報と、後ろの方をゆっくり歩いている人への情報は、全く違うことが多々ある。ときには、情報が相反することさえあるのだ。そんなこともあるので、情報の正誤を深追いすることは、今の時期あまりおすすめできない。

チャーリー・ワード

はっきりしないと感じる情報は、自分の価値基準や思考で断定せずに、たくさん引き出しを作っておき、そこにとりあえず放り込んでおいた方が得策だ。どこかの時点で、引き出しの中の情報が新しい情報と見事につながったり、突然重要な意味を持つこともあるからだ。それぞれ自分の感覚にピッタリくる情報をつないでいけばよいと思うが、決してそれがすべてではないということを知っておくに越したことはない。

また、最近では情報を提供するインサイダーたちの中身が入れ替わることも頻繁に起きている。精巧にできたラテックスマスクをかぶり、その人物のキャラクターと声だけを用いて、特定の視聴者に向けて情報を流すことも多くなっている。

つまり「誰々が言っているからほんとうのことだろう」といった判断は、もはや役に立たないのだ。情報そのものが自分のリサーチとリンクしているか、つながっているか、自分の直感にはどう響くのか。そうしたセンサーを優先させて、常に客観的な姿勢を貫くことをおすすめしたい。

何よりも大切なのは、自分自身を客観的に見つめる姿勢だとつくづく思う。自分の判断力、思考パターン、感情の動き方のパターンなどを把握しておくことは、自分で自分を騙すことから自分自身を守ってくれる。それを怠ると結局は遠回りをすることになることを、私は自分の痛い経験から知っている。

ＥＢＳ（緊急非常放送）はやってくるのか

ＥＢＳ（緊急非常放送）が世界中に鳴り響く日を心待ちにしている人もいるかもしれない。なぜかというと、ホワイトハット・ミリタリーが作戦を遂行していることを意味しているからだ。

リカルド・ボシは「世界一斉ＥＢＳはないと思う。あったとしても地域的なものになるだろうと私は考えている。一定のパーセンテージの人間は、現実にミリタリーが登場することでパニックになる」と言っていた。

ＥＢＳが鳴り響くということは、世界がミリタリーの統制下にあることを公にする、ということだ。戦車に乗った兵士たちが市街を占拠し、拡声器で指示が出され、夜間外出禁止令が出る、といった状況になることも想像できる。

裏で何が起きているのかをまったく知らない人たちのビックリ度は想像以上に大きいかもしれない。恐怖やパニックを引き起こすことだって十分あり得る。

とはいえ、2024年10月に入り、状況は一挙に慌ただしくなってきた。毎年10月はRed October（レッドオクトーバー）と呼ばれ、ついに何かが起きるのではないか、とアノンたちが落ち着かなくなる月だ。

今年はほんとうにそれが起きそうなのだ。11月5日にトランプが大統領選挙戦に勝利したからには、2024年の秋冬から2025年の春にかけて、素晴らしい方向への大変化がいつ起きてもおかしくない機運となっている。

ここに来てホワイトハットは闇の勢力を一人残らず打ち倒し、公開の軍事裁判を行い、世界各地に建てられた悪魔的象徴である建造物を壊滅し、戦争を完全に終結させる動きに出ている。それに合わせて多くのインサイダーたちが、EBSの発動による非常事態への備えを、今まで以上に強く勧めている。

この本を手に取ってもらえる頃には、この山を超えて向こう側に行き着き、地球は素晴らしい世界へと一変しているかもしれない。それを期待しつつ、書き進めて行こう。

2020年1月、トランプは大統領の役職を降りる直前に、反乱法（Insurreiction Act）を発動したと思われる。その書類はいまだに機密扱いになっているのか、探しても見つからなかったのだが、ちょうどその頃、黒いマスクを着けた兵士がFOXニュースにて「ミリタリーへのスムーズな権力の移行がなされた」という報告発言をしたのだ。この動画はかなり重要な意味を持っている。ミリタリーへの権力の移行ということは、反乱法が発動し、米国ないし世界中がミリタリーの統制下に入った、ということだと見られているからだ。

時を同じくして、米国議会の建物の周りにフェンスが張り巡らされ、外から施錠された。つまり、中にいる議員たちが逮捕されて閉じ込められた可能性があるのだ。ホワイトハウスの正面には謎の建造物が建てられ、「もしかしてあれは絞首刑台なのでは?」とアノンたちの間で取り沙汰された。

ホワイトハット・ミリタリーは休むことなく作戦を遂行している。EBSがやって来るということは、世界がミリタリー統制下にあることを人々に知らしめることに他ならない。

長くリサーチを続けてきているアノンたちの中には、どこか早めのタイミングで次のリーダーとなる人が壇上に立って「世界は変わった」と発表する、といったことを望んでいる人たちもいる。次のリーダーというのがトランプなのか、はたまたJFKジュニアなのか、誰なのかはともかくとして、だ。

そういうことが起きるのだろうか? という質問に対して、リカルド・ボシは「もう起きてるよ」と言う。「たとえば、バイデンがずっこけたり、顔がいろいろ変わったり、突然異常なほど身長が伸びたりしているのを見たら、何が起きているのかわかるでしょ」と言うのだ。実は、本物のバイデンは2018年に処刑されている。その後は延々と役者たちがバイデンを演じてきた。それ以外にもほぼすべての議員たちをはじめ、米国に限らず世界中の政界の人間たちは、役者が演じているのだ。

そもそも米国政府という企業はすでに倒産しており、破産宣告書を提出している。ロスチャイルドに支配されていた日本を含む世界各国の政府は、すべて政府という名の企業であり、米国企業政府同様にすでに破綻している。リカルドいわく「自分のコモンセンスを使って見れば、一目瞭然でしょ」というわけだ。

次なるリーダーが壇上に立って声高に勝利宣言、というのは私たちのマインドが欲しがっている場面なのかもしれない。だが、それではカバル社会の延長にしかならない。

ホワイトハットは、私たちが自らの意識を拡大し、周波数を上昇させ、今起きていることの本質を理解することを願っている。そのための暗号を送り続けている。

カバルの囲いの中に囚われていた時のままのマインドでは、新しい世界は推し測れないと思った方がいい。左脳の分析力だけではなく右脳の統合力をバランスよく使うことが必須なのだ。

それだけでなく、地球が次元を上げるにつれて、ハートの直感でものごとを包括的に捉えることが、どんどん必要になってきている。2012年の冬至を境にして、地球は女性性の時代へと入っているのだ。

そして、新しい世界を創り出すのはひと握りのリーダーたちではなく、他の誰でもなく、あなたであり私であり、私たち一人ひとりだということを忘れないでおこう。

いま起きていることは、最終戦争であると同時に、またはそれ以上に、人間の意識の革命なのだ。

ホワイトハットのコミュニケーション方法とは？

ホワイトハットのコミュニケーション方法はユニークだ。

今までの教育の中には全くないやり方であり、彼らは、起きていることを言葉を使って説明する、ということをまずしない。まさに、ブルース・リーの「考えるな、感じろ」という言葉そのものだ。

彼らは数字や暗号、色、何気ないサインや小道具、意味深な短い言葉などを用いて、人々に疑問を抱かせ、この謎を解き明かしたい！　という気持ちを誘い出す。だが、注意深く見ていないと、そういったサインに気づかず、見過ごしてしまう。

こういったコミュニケーション方法は、スピリチュアルな方法ともいえる。道に落ちている鳥の羽も、頬にかかる葉の雫の一滴も、すべての現象はサインであり象意を持っている。要はそれをどう捉え照合するかという問題なのだが、その際に使うのは思考ではなく直感と感覚、そこから引き出される感情だ。

また、ホワイトハットはゲマトリア（ゲマトリア：ヘブライ文字をヘブライ数字の法則に従って数値に変換し、単語や文章を数字として扱う方法）を多用する（151頁コラム参照）。

ゲマトリアとは数秘術とはまた別の、数字と直感を組み合わせたコミュニケーション・ツールだ。

アルファベットのA、B、Cを数字の1、2、3にあてはめて、言葉の総数でヒットするワードを検索していく方法だ。使う数字は1～9で、0には意味はない。これは数秘術と同じだ。これを使う時には直感を働かせることが必須になるのだが、ここ数年間、Qとホワイトハットに鍛えられてゲマトリアを使えるようになったアノンは多いと思う。

アノンたちはドロップされた情報の解読に励み、Xやテレグラム、ランブル動画などで共有し、それを見た人々の意識に浸透させていく。アノンによってさまざまな解釈や見方があることも多く、学校のテストのように「これが正解です」というひとつの答えは、たいていの場合ないと思った方がよい。

最初にこの手法でコミュニケーションを始めたのは、Qの投稿だろう。

２０１７年10月28日、４チャンにおいてQの一連の投稿が始まり、アノンたちはそれに飛びついた。トランプが大統領に就任し、風向きの大きな変化を感じていたアノンたちの間には、何が起きているのかもっとよく知りたい、という熱望が渦巻いていた。

Qの投稿には謎かけも多かった。読んだ人がそれぞれリサーチし、直感を使って考え、謎を解いていくことを促していた。一方的にメディアが流すニュースを真実だと思い込むことに馴らされていた私たちにとって、これはまったく新しい情報共有のスタイルだったのだ。

Qの投稿は２０２２年11月27日まで続き、その間に5千に近い数の投稿がされた。Qの投稿からアノンたちは多くのことを学び、情報の読み方、アンテナの張り巡らせ方などを習得していった。

ＪＦＫジュニアとおぼしき「Ｒ」と名乗る人物が４チャンに投稿したのも、Ｑの投稿が始まった前後だったと思う。「Ｒ」の投稿はＳＮＳで広く共有され、ジュニアは生きているのではないか、という情報が静かに広がっていった。今ではとても多くの人が、ＪＦＫジュニアは生きていて見えないところでトランプと共に戦っている、と確信しているのだ。


ホワイトハットの独特のコミュニケーション方法は、理由と必要があってのことだ。カバルとの戦いにおいて敵に情報を知られるわけにはいかない。

ホワイトハットは孫子の「兵法」を大いに参考にしていると言われるが、孫子の「すべての戦争は欺瞞である」という言葉通り、誤情報や故意にミスした情報は必須なのだ。

その誤情報に、カバルだけでなく私たちも一緒に騙されてしまうのだが、そこでホワイトハットが送ってくる暗号やサインの解読と、解読するための情報や知識が必要になってくるわけだ。


真実を日の光のもとに晒すために、ホワイトハットはカバルの上を行くレベルの複雑な欺瞞を使わなくてはならなかった。

真実のために嘘をつく。これは、光と闇の激しいダンスにおける大いなるパラドックスだ。

私たちは、長い間マインドコントロールされながら、そのことに気づきもせずに、自分たちは自由だという幻想を見続けてきた。

遺伝子学の最先端にいるブルース・リプトン博士は「映画『マトリックス』はドキュメンタリーだ」と断言しているが、まさにその通りだ。あの映画は、ホワイトハットがディスクロージャーを始めるにあたり、娯楽映画のかたちで人々に投下した巨大な情報だった。

そしてホワイトハットは、「現実」というスクリーンの中に役者を配置し、彼らの練り上げた脚本を映画のように上映している。なんともややこしいことが毎日実行されているのだ。

ラビットホール（ウサギの穴）は果てしなく深い。私自身リサーチをすればするほど、その深さに息を呑み、ため息をついてしまうことがたびたびある。

カバルたちをほぼ制圧し、光が勝利したいま、ホワイトハットが最も心を砕き苦心していることは、人々にどうやって真実を見せ、安全に目覚めさせていくか、ということではないかと思う。

複雑に入り組んだ嘘の奥の奥にある真実をいっぺんに見せたら、ほとんどの人は信じられないどころか、耳に栓をし目を閉ざしてスルーしてしまうだろう。または真っ正面から受け止めてしまい、その衝撃がトラウマになりかねない。

長い期間、たぶん生まれた時から青いピルを服用し続けてきた人に、突然何粒もの赤いピルを与えることはできないのだ。それは、生命だけではなくスピリットにとっても危険なことになりかねない。赤いピルの激しい好転反応に耐え切れず、以前にも増してたくさんの青いピルを飲んでしまうことだってあり得る。

そのために、ホワイトハットは独特のやり方で、それぞれのタイミングで青いピルの服用をやめて小さい赤いピルから始められるように、ゆっくり少しずつ真実を落としているのだろう。

とはいえ、この本の読者の方は、大きな赤いピルを一日何粒も飲んでいるのではないかと想像している。

ここに至ってホワイトハットは、まだ青いピルを服用している人に対して「そろそろ目覚めないと手遅れになるぞ」と言わんばかりに、ほっぺたをピシャピシャと叩き出した感がある。情報でますます人々を混乱させ、カオスの渦を作り出して、一人ひとりが自分で考え、自分の感覚と直感を使って行動しないともうダメなところへと追いつめ始めたようだ。

騙しのテクニック――本物を隠す役者たち

「死んだはずの人は生きていて、生きていると思っていた人はもうすでにいない」

このような話を聞いたことはないだろうか？

鏡に映したように現実が真実の真逆になっていることが、ディスクロージャーが深まるにつれて、どんどん明確になってきている。

そのいい例が、セントラル・キャスティング・オペレーションだ。

セントラル・キャスティングとは、女優、俳優、子役、エキストラなどを募集し、映画撮影に斡旋する、米国大手の配役会社だ。現在2万名を超える数の役者たちが、ホワイトハットがプロデュースする〝映画〟に配役されていると言う。

映画と言っても、映画館で上映される映画ではなく、私たちがテレビのニュースやSNSで毎日見ている〝現実〟のほとんどが、実は役者によって演じられているのだ。政治家や著名人たちの多くが、精巧にできたラテックスマスクを被った役者たちによって演じられている。視点を変えて見たり、以前の写真と今の顔を比較してみてみると、そのことに気づくと思う。

今はこのことを知っている人も多いが、初めて聞く人は、にわかには信じがたいかもしれない。

特にわかりやすいのは、バイデンなんちゃって大統領だ。バイデン大統領は複数の役者によって演じられているが、メインはアーサー・ロバーツという俳優が演じている。背が突然高くなったり、顔がどんどん変わったり、ラテックスマスクの境目をわざわざ見せたり、まるで「これでもわからない？」と言わんばかりだ。日本を含め世界の政治家たちは、現在ほぼ役者によって演じられていると見てよい。

実は、私たちが想像するよりかなり以前に、ホワイトハットはトップにいた主要なカバルたちをやっつけてしまっていたようだ。

ある政治家にスポットライトが向けられ、SNSで話題になる頃には、すでにその人物の逮捕や軍事裁判、処刑などは終了している。逆に言うと、それを知らせるためにスポットライトを当てているようにも見える。私たちはまるで、実話に基づいた映画を見るように役者が演じるその人物や出来事を眺めているのだ。
トランプ大統領を演じる俳優は何人も存在している。「本物のトランプ大統領」であるホワイトハット・ミリタリーの最高司令官トランプは、人前にはほとんど出てこないとも言われている。

それにしてもなぜ、こんなことが可能なのだろうか？ CIA変装部署のチーフだったジョナ・メンデスが、ラテックスゴムでできたマスクについて語っている。

彼らは諜報部員の命を守るために、5秒で着けることのできるマスクを開発していた。ハリウッド映画『猿の惑星』を製作したチームとも協力したと言う。
ある時、ホワイトハウスで諜報部員が着けるマスクの説明をすることになり、ジョナはあらかじめマスクを着けてミー

CIA製作のラテックスマスク

ティングに出席した。

「じゃあ、そのマスクがどんなものなのか、見せてみなさい」と当時の大統領に言われ、着けていたマスクをさっと脱いでみせたら、ものすごくびっくりされたそうだ。そのくらいマスクがリアルで、ジョナがマスクを着けていることに誰も気づかなかったのだ。

映像の場合、デジタル処理をすることで、別の俳優がどこから見てもトム・クルーズになることだってできる。それに加えて、音声変換テクノロジーの進歩が貢献している。声質だけではなくイントネーションまでも、特定の人にそっくりの喋り方にできるのだ。

ホワイトハットはなぜそこまでするのか？

人類がカバルたちにマインドコントロールされてきた歴史は長く、彼らは大きなスケールの嘘から細かい嘘まで、ありとあらゆる嘘を使って私たちを騙し、幻想のマトリックスを堅固なものに保ってきた。このマトリックスから人類を救出し、マトリックスを内側から崩壊させるためには、ホワイトハットはカバルの上をいく嘘を使う必要があった。トロイの木馬のように、カバルを上手に騙して、彼らの牙城に侵入して行ったのだ。もちろんだが、何が起きているのかまるでわかっていなかった私たちは、カバルもろとも騙されてしまったわけだ。

実は、2017年にトランプ第45代大統領が誕生した頃には、この最終戦争はクライマックスに近づいていた。そのあたりからQは投稿を開始し、少しずつ私たちに向けて情報開示を始めたのだ。Qは何度も「ポップコーンの準備はいいかい？」とか「映画」というキーワードを投げかけている。ここに至ってようやく「これは文字通り、ボクたちが上映している映画なんだよ」と言わんとしていることがわかってきたのだ。

Qの投稿が始まった頃、カバルのマトリックスの壁は非常に分厚く堅固だった。映画なんだよ、と言われても、「そんな、まさかね」と思っていたのは私だけではないだろう。

Qがスポットライトをあてていった人物たち、たとえばヒラリーやオバマなどは、これから逮捕されて刑に処されるのだと思っていた。

だが、現実での捕物帳はずっと前に終了していたのだ。

Qとは誰なのか――その正体はイエス・キリストの時代までさかのぼる

２０１７年10月28日にＱの投稿が始まって以来、誰がこの投稿をしているのかもわからないまま、その内容の深さに驚嘆したアノンたちは、必死にＱを追いかけてきた。

アノンたちの解読を助けるべく、インサイダーたちは情報や動画をＳＮＳにどんどん投稿していった。彼らはＡＩには探知できないミームを作って投稿することをアノンたちにすすめ、アノンたちはそれを受けてカエルの「ペペ」を用いたミームなど、たくさんのミームを作っては、せっせとツイートした。

カエルの「ペペ」

時たま、Ｑ＋という人物がＱの投稿板に投稿していたが、これはトランプ大統領のことらしいと分析されたり、Ｑは実は生きているＪＦＫジュニアではないだろうか？　という推察もなされていた。

Ｑとはいったい、誰なのか？

ここのところ、はっきりとわかってきたことがある。

生きていたのは、実はジュニアだけではない。ＪＦＫシニア、つまり米国第35代大統領だったジョン・Ｆ・ケネディは１０４歳になるまで生きていた。そして、Ｑとしてホワイトハットの指揮をとっていたことが明かされつつあるのだ。

この情報によると、1963年11月22日の暗殺事件をきっかけにＪＦＫは身を隠し、Ｑチームとともに最終戦争を計画、実行を開始したという。カバルたちは、彼らにとってことごとく邪魔だったケネディ大統領暗殺を企てたが、ホワイトハットはその計画を逆手に取り、そこで内密の大統領側近たちから成るＱチームと共にカバル討伐最終戦争の実行に入った。それが、「ザ・プラン」である。

そこからいくと、裏舞台で戦われてきたこの最終戦争は、少なくとも60年以上も続けられてきたことになる。その間には、多くの尊い命が失われた。


だが、それだけではない。Ｑはリンカーンの時代から存在していた。

表向きには南北戦争と呼ばれた戦争は、米国を借金漬けにして乗っ取ろうとするカバルたちとの戦いだった。米国独自の通貨グリーンバックを流通させようとしたリンカーンをカバルは暗殺した。

カバルは、銀資産に裏付けされた米国独自の通貨を準備していたＪＦＫをも暗殺しようとした。だが、そうはいかなかったのだ。

Qという文字は、ゲマトリアで17にあたる。

ホワイトハットは17をサインとして頻繁に使い、背後にQの存在とそのプランがあることを忘れさせない。

トランプ大統領は、スピーチの中で数えきれないほど「17」を引き合いに出している。

アノンたちは、数字の17を見れば、それがQを意味していること、Qがサインを送っていることがわかるのだ。


Qの歴史は古く、イエス・キリストの時代にまでさかのぼることができる。

「Qの福音書」や「ブック・オブ・Q」が存在している。これらの書物がなんと、アマゾンでも購入できるのには驚いた。（『失われたQの福音書：イエスの原初の言葉〈英語版〉The Lost Gospel Q: The Original Sayings of Jesus〈English Edition〉』）

イエス・キリスト、リンカーン、ＪＦＫとケネディ一族、Qおよびホワイトハットの人々には、切っても切り離せない深い関係があることが次第にわかってき

『Qの福音書』

ている。

それについては、次章の「ジーザス・ストランド」にて詳しく説明しよう。

パスカル・ナジャディとは誰なのか

2023年の秋、チャーリー・ワードのインサイダークラブのZoomライヴ配信に、スイス人のパスカル・ナジャディなる人物が登場した。

彼の父親フセイン・ナジャディは、WEF（ワールド・エコノミック・フォーラム）の前身のクラブをクラウス・シュワブとともに立ち上げた資産家だったが、その後シュワブと意見が合わなくなり、WEF脱退後に暗殺されてしまったという。

パスカルは、母親の誕生日に船旅をプレゼントしたいがために、親子で強制的にワクチンを打つことになり、その後自分も母親もワクチンの後遺症に苦しむことになってしまった。

パスカル・ナジャディ

これに怒りを感じたパスカルは、スイス政府に対し抗議を申し入れ、反ワクチン活動を始めた。

チャーリーとのインタビューは、パスカルの『蛇の頭を断ち切る』という動画が制作されたすぐ後だった。チャーリーはＺｏｏｍインタビューだけでは足りず、すぐさまスイスへと飛び、２度のリアル・インタビューをおこなっている。

その後しばらくは、パスカルについて聞くことはほとんどなかったのだが、２０２４年5月になって、パスカルは突如ディスクロージャー・シーンの中央に躍り出た。そして主だったインサイダーやアノンたちと、片っ端からインタビューを繰り広げ始めたのだ。

半年前とはまったく違う印象のパスカルは、もはやワクチン問題だけではなく、驚くべきディスクロージャー情報を山のように携えて再登場したのだった。

以下にパスカルが伝えるディスクロージャー情報を少し挙げてみよう。

＊〈　〉内は横河コメント

・私（パスカル）はＵＳＳＦ（米国スペースフォース）のコマンダーである。
〈スペースフォースは、ホワイトハット・ミリタリーの中枢だ。スイス人のパスカル

がなぜ？　と思うだろう。私もしばらくの間、頭の中が「⁇」でいっぱいになっていた。これについては後述しよう。〉

・私はフロリダ州にあるパトリック・空軍スペースフォース基地に在籍している。

・現在、ドナルド・トランプはミリタリーのＣＩＣ（最高司令官）であり、私のコマンダーである。

・私はこの最も激しく厳しい戦争に従事し、地球と人類を守るために命をかけて戦っている米国および世界中の男女に深く感謝し、また敬意を抱いている。

・ＣＩＣトランプは２０１９年12月12日に世界防衛戦争の開戦宣言をした。その直後の12月20日、ＵＳＳＦ（米国スペースフォース）を立ち上げた。ＵＳＳＦは地球史上最大の戦争のための集合体である。

・２０２０年３月、トランプは国家警備隊（州兵、市民予備兵）を国家ベースに連合連帯させ、百万人の兵力を形成した。

・地下施設に囚われていた子どもたちの救出のために、カバルが仕掛けたコロナ騒動を利用したのは本当のことだ。現在はまだ機密情報だが、ホワイトハットはかなりの数のワクチンを生理食塩水に替えていた。

〈コロナ騒動の間、ホワイトハットが何をおこなっていたのか、私たちには見えていなかった。当時、ワクチンの中身を生理食塩水に替えているらしい、という話は確かに出ていた。もしそれがなかったら、もっと多くの人が命を落としていたことは想像に難くない。カバルは人類の90％を抹殺しようとしていたのだから。〉

・2017年12月20日にトランプ大統領が発令した大統領令EO13818は、その後も継続され現在も有効である。

〈大統領令EO13818とは、深刻な人権侵害や汚職に関与した人物の財産を封鎖する、という内容の国家非常事態宣言。〉

・2024年6月1日になった瞬間に、トランプ最高司令官とその家族の住居であるマル・ア・ラーゴ上空の飛行禁止区域が解除された。

・現在ホワイトハット・ミリタリーによるOperation Storm（嵐の作戦）が進行中である。

今まで、カバルたちを逮捕し、グアンタナモやディエゴガルシアなどの軍刑務所に送還したのち、軍事裁判により判決を言い渡し刑に処するという手続きを取ってきたが、この段階に至り、子どもの人身売買などの凶悪現行犯は、その場でミリタリーによって処刑される。

〈パスカルは自身のランブル動画チャンネルに、夜中にヘリコプターで急襲するミリタリーの映像等を上げている。〉

・私たちを抹殺しようとしていた地下のETたちは、すでにすべて地球から去っている。60年の間、内密に戦われてきた戦争が今ようやく終わろうとしている。

・ロシアは、ウクライナにあった生物兵器製造所を破壊するというダーティワークを引き受けた。大惨事にならないよう、彼らはゆっくりと慎重に事を進めていった。

〈ウクライナは、カバルの出処であるハザール帝国があった地域である。〉

・2024年4月8日の皆既日食は、我々USSFがスペースシップを使って作り出した。USSFが持っているパワーを人々に知ってもらえたらと思う。このパワーを前にして、居残りのカバルたちはもはや逃げることはできない。米国の軍事司法に則り、彼らを一人残らず私たちが捕まえる。

人々が皆既日食に気を取られている間に、我々は銀河連合とともにワームホールを通して地球を移動したのだ。それにより、大きなタイムリープ（時間の跳躍）を果たした。

その際にセルンを再稼働して使用し、それからシャットダウンした。今後、セルンはミリタリーによって完全に爆破される。

こうやって、分離、侵害、敵意のタイムラインを除去したため、戦争のタイムラインにあったすべての周波数が消え去った。恐怖、敵意、戦争、悪魔は立ち去り、いま我々は別の時空間にある。地球を創造主のオリジナル・タイムラインに戻したのだ。

なんとなく人々がフレンドリーになったのを感じないだろうか？　もちろん、完全にではないと思うが。なぜなら、こういうことは時間がかかるものなのだ。

今後の展開については、パスカルはリカルド・ボシとは少し違う話をしている。

・もうすぐにオペレーション・ストーム（嵐作戦）が表面化する。つまり、EBS（緊急非常放送）が使われ、10日間の暗闇となり、その間ミリタリーが指揮を取る。

基本的にインターネットは使えず、テレビはたった1チャンネルのみの放映となり、メディアは消滅する。その1チャンネルで、人々はショッキングな事実を含む真実を見ることになる。10日間と言ってはいるが、実際にどのくらいの期間になるのかは、私自身も知らないミリタリーの機密だ。

その期間が終了して、人々が家の外に出てくる時には、世界は変わっている。

〈世界中で一斉にEBSが鳴り響くのか、それとも地域的になるのか、インサイダーの意見はまちまちだ。ホワイトハットが意図的に情報を混乱させている可能性もある。暗闇の間に居残っているカバルたちをすべて片付けるのでは、という推測もされている。武器を所持しているカバルたちとは銃撃戦等になる可能性もあるため、民間人の外出禁止が必要になる、という説だ。〉

パスカル・ナジャディが言っていることは、今まで起きてきたことや、私がリサーチしてきたことと見事につながっているだけでなく、その先のディープな情報を開示している。私だけではなく、多くのアノンたちが大注目したのだが、この人物について、何か腑に落ちないことがあった。何か不自然な感じがつきまとっていた。

いったいなぜ、スイス人のパスカルが、突如コマンダーとして米空軍スペースフォースに迎え入れられたのか？

しかも、ここから彼の話はさらに展開していき、普通の感覚だけではアノンたちが到底ついていけない深みに入っていったのだ。

2024年5月9日、パスカルの中に第35代米国大統領ジョン・F・ケネディが輪廻転生したのだという。

ジョン・F・ケネディは暗殺されておらず、その後104歳まで生き、QとしてホワイトハットのLの指揮を執っていた。自動車事故により天に召されたが、その後パスカルの中に入ったため、パスカルは自分からの情報とJFKシニアのメッセージの両方を伝えているという。

しかもパスカル自身は、アルクトゥリアン／プレアディアンであり5次元存在であることを明かしている。
ヴァル・ソーとして地球に来ていた時には、アイゼンハワー大統領にアドバイスし、その後JFKシニアを連れ出して、カバルがどんなことをやっているのかを見せたとのことだ。

このあたりで、ETやスピリチュアルに関する情報に理解のないアノンたちは、ほとんど話についていけなくなったのではないかと思う。

元ボクシングのチャンピオンであり人気あるディスクロージャー系キャスター、ニーノ・ロドリゲスはパスカルに率直に聞いている。

ニーノ：90％の人はあなたの話を信じないですよ。リスナーはどうやってあなたを信じたらいいんですか？（証拠が欲しい、という意味合い）

パスカル：信じても、信じなくても、どちらでもいいですよ。私は気にしていませんし、自分の考えを押しつける気もないです。どう思うかは、完璧にあなたの自由です。ただ、私はそうです、と言っているだけです。ですが、すべてのことは可能なんですよ。

Impossible（不可能）という言葉がありますが、あれはディープステートの言葉です。Impossible（不可能）は、I'm Possible（私には可能だ）に書き換えましょう。

ＪＦＫシニアの私の中への輪廻転生は、私が希望したことではなく、事前にいくつかの筋やスペースフォースからブリーフィングを受けました。もともと私は、ノーマルな地球人ではありませんし。そして、私には選択する自由がありました。

他のインタビューでは、ディスクロージャーについて語っている。

パスカル：我々はディスクロージャーをみなさんに提供します。ディスクロージャーの定義は、秘密にされてきた情報を公開することです。

公式な情報のみを伝え、自分の意見などは一切伝えません。我々はみなさんの承認も、意見も同意も必要ないのです。これからみなさんはディスクロージャーの読み方を学び、自分で調べて検証しなくてはなりません。自分で読んで、真実を見つけてください。

おカネや金（ゴールド）、贅沢品などは重要ではないです。それは二次的なことなんです。これからは、誰も経済的に困らないからです。いま最も重要なのは、地球人類のサバイバルと前進です。

まず我々は自由にならなくてはいけません。それには「意識」が必要です。それから、ミリタリーに従事している人々への尊敬の気持ちが必要です。彼らは一生懸命に仕事をしています。私たちと私たちの自由のために命をかけているのです。彼らは、(隠密戦争のために)自分がどこにいるのかさえ親や家族に伝えることができず、嘘をつかなければならないんです。

いまや地球は人類のものとなりました。だが、私たちは教育やモラル、道徳を立て直さなくてはなりません。(レプタリアンやグレイが去ったあとも)いまだに人間に嫉妬し、邪魔をし、時には殺害したいと思っている宇宙人たちがいます。彼らには近づかないことです。

自分の感覚を使って感じてみてください。地球人は、あなたが考えているよりもずっとレアな(希少な)種族なのですよ。

ここまでずっとパスカルの話を聞いてきて、内容には深く納得するものの、彼に対する違和感は消えなかった。

この違和感はいったい何だろう？　あるときはっと気がついた。

そうだ、この人、もしかしてＪＦＫジュニアがマスクをかぶってパスカルを演じているのでは？　と気づいたのだ。


ＪＦＫジュニアは、変装の天才だ。私が知るだけでも、インサイダーのファン・オー・サヴァン、トランプのラリーに頻繁に姿を見せるヴィンセント・フスカ（トランプ銃撃事件の時も聴衆の中にいた）、シークレットサービスの人間（トランプ大統領就任式の時にトランプのすぐそばを歩いていた）、ＦＯＸニュースのキャスター、学者、長い白髭の老人など、ありとあらゆる変装をして、ひょっこり出現し、また消える。

パスカル・ナジャディの1年以上前の動画を探し出してみたら、やはり今のパスカルとは違う人物だった。

パスカル顔のマスクは、そっくり精巧に作られているが、違和感を感じるのは顔ではない。エネルギーが全然違う。そして目が違う。話し方やちょっとした身振りも違う。オリジナルのパスカルは優しく礼儀正しい紳士のエネルギーだが、現在のパスカルは、炎のようなパワフルなエネルギーにあふれ、伝えるべき膨大な情報を次から次へと早口で喋る。

ＪＦＫジュニアがこのスペースフォースのディスクロージャー情報を出していたのなら、なるほどと納得できる。と思っていたのだが、私の見立てにはもうひとつのどんでん返しがあった。

確かな情報筋による投稿でわかったのだが、パスカルのマスクをかぶっているのはＪＦＫジュニアではなく、ジュニアの弟パトリックのようだ。パトリックは生後39時間で亡くなったことになっているが、ちゃんと生きていて裏舞台で大活躍している人なのだ。

パスカルと JFK

数年前、ネガティヴ48というハンドルネームで、ディスクロージャー・シーンに登場してきた人物がいた。
最初の頃、ネガティヴ48として少しだけ素顔を見せていたのはＪＦＫジュニアだとすぐにわかったが、その後弟のパトリックに交替した。二人の顔立ちや背格好はかなり似ているのだが、ジュニアはどちらかというとたれ目、パトリックの目はキリッと少し吊り上がっている。彼らの声や喋り方はかなり似ているが、微妙に違う。

ネガティヴ48、つまりジュニアとパトリック兄弟は、まずゲマトリアの初歩をディスクロージャー・コミュニティに教え始めた。

次にJFKジュニアとパトリック扮するネガティヴ48は、彼らの一族の女性たちとともに「ジーザス・ストランド part 1」「ジーザス・ストランド part 2」という二つの重要な動画を作った。

「ジーザス・ストランド」については次の章で詳しく説明するが、ジーザス・ストランド、つまりイエス・キリストのDNAこそが、2千年もの間繰り広げられてきた闇と光の戦いの根源となっているのだ。

その後パトリック扮するネガティヴ48は、JFKが暗殺されたダラスに仲間たちと滞在し、人々にゲマトリアを広めていたが、しばらくすると表に出てこなくなった。

と思ったら数年前、共和党のケビン・マッカーシー議員のマスクをかぶってちょこっと出てきたが、またすぐにいなくなった。

そして久しぶりに、パスカル・ナジャディとして戻ってきたのだ。

ＪＦＫジュニアもパトリックも、兄弟ともに、たいした役者だ。その時々に必要な役柄を演じることで、長い間戦われている隠密戦争をリードしている。

隠密戦争には、エージェント（諜報活動をするスパイ）やダブルエージェント（二重スパイ）が絶対的に必要だ。そして彼らは、命がけの演技をすることが求められる。

ここからリサーチしたことをつないでいくと、ハリウッドで活躍する俳優やアーティストたちの多くが、実はホワイトハットのエージェントであることが見えてくる。

ＪＦＫの父親は、ハリウッドに映画スタジオを持っていた。そして多くの俳優や監督たちとの交流があったという。つまり、その時点ですでに対カバル最終戦争が始まっていた可能性が高い。少なくとも、着々と準備を進めていたことは想像に難くない。

ここまでリサーチしてきただけでも、ホワイトハットの裏舞台における戦闘方法や、私たちへの情報開示方法は、非常に綿密に練られた上で、注意深く実行に移されていることを感じるのだ。

今まで長いこと、私たちはそうとは知らずにカバルのサイオプ（サイコロジカル・オペレーション、心理作戦）に操られてきたが、今はホワイトハットが同じサイオプを用いて、カバルが人々にかけたマインドコントロールを解いている。

サイオプという言葉を否定的に受け取る人が多いが、サイオプ自体は良くも悪くもない。サイオプだけでなく、どのようなツールも、誰がどういう意図で使うかで、良いものにも悪いものにもなる。

そこからいくと、カバルのサイオプは黒魔術、ホワイトハットの使うサイオプは白魔術だと言える。

ダイアナ元妃の真実——ダイアナは生きていた！

パスカル／パトリックの話は、ここで終わらない。このあと、もっとぶっ飛ぶディスクロージャーが始まったのだ。

それは、プリンセス・ダイアナとして知られている女性についての話だ。

パスカル／パトリックが、さまざまなインタビューに応じるようになって少したった頃、彼は自分のランブル・チャンネルに、ダイアナのイメージを載せるようになった。それから少しずつ、実はパスカルとダイアナは結婚していること、ダイアナは１９９７年の自動車事故で亡くなってはおらず、事故に見せかけてミリタリーがダイアナをピックアップし、彼女を無事に米国に帰還させたという驚きの情報開示を始めたのだ。

パスカル／パトリックは続けて言う。

「フランス部隊の指揮統制下における米国特殊作戦により、ダイアナは『エクストラクト』された（エクストラクトとは、二重スパイの任務の終了時に救出することを言う）。

ダイアナのコードネームは〝ティンバーラーク〟であり、彼女はダブルエージェント（二重スパイ）だったのだ。この作戦により、レディ・スペンサー・プリンセス・ダイアナという偽りの存在から、彼女は抜け出した。

最初にダイアナの事故現場に駆けつけて救助活動にあたり、その後ＴＶのインタビューに応じたフランス人医師も、この特殊作戦のための役者だった。多くの人が疑問を抱いた悲劇の自動車事故は、ホワイトハットが計画し実行した映画撮影だったのだ。」

つまりダイアナは、ホワイトハットのダブルエージェントとして、チャールズ王子との結婚を名目に英国王室に潜入したのだ！

ダイアナとパスカルは、幼なじみでもあるという。幼少時から一緒にスパイとして育てられ、その後二人ともダブルエージェントとして活動し、現在は二人ともスペースフォースのコマンダーだ。

「ダイアナ元妃は生きているのではないか」といううわさは、ＪＦＫジュニア同様に頻繁に話題に上ってはいたが……。まさかそういうことだったとは！

つまりダイアナは、子どもたちへの残虐な行為をおこなっていたレプタリアンの巣窟、英国王室の真実を暴いた勇気のある大功労者ということになる。

「敵を欺くには、まず味方から」ということわざ通りのことが、私たちが知らないところで現実におこなわれている。

果てしなく長い間、人類全体をマインドコントロールの罠にはめ、騙し続けることのできた敵を欺くためには、もっとスケールが大きく、かつ複雑な欺瞞を用いて、私たち一般人をひっくるめてカバルを騙さなければならなかったのだ。

真実を明るみに出すために嘘をつく、というアイロニーの世界に身を投じる人々がいる。人類全体の自由としあわせを勝ち取るために、彼らは危険を冒し、命をかけて戦ってきてくれたのだ。

一時、ダイアナとパスカルはパリで一緒に仕事をしていると言っていたが、それがちょうどフランス・オリンピックの時だったので、もしかすると彼らは開幕式の「最後の晩餐」のパロディで大ブーイングを浴びたオリンピックにも、裏で関わっていたかもしれない。

とはいえ、彼らがパリにいた主な目的は、アメリカ共和国の本部をパリに設置することだという。この話は、現時点ではかなり違和感のある話だが、これから世界がひとつの共和体となってまとまっていくことから考えると、パリに共和国本部が置かれることにも、何らかの理由があるのだろう。

その後も、バラのつぼみがゆっくり優雅に花びらを開いていくがごとく、少しずつダイアナの真実が明かされている。

それからしばらくしてパスカル／パトリックは、ダイアナが実はＪＦＫの娘であることを明かしたのだ。

そうなのだ、ダイアナはジョン・Ｆ・ケネディの娘なのである！

では、ダイアナの母親は誰なのか？

なんと、女優でのちにモナコ大公妃となったグレース・ケリーが、ダイアナの母親なのだという。グレース・ケリーはマスタークラスのスパイであり、ダイアナは母親からその技術を学んだ。

ダイアナの活躍のおかげで、英国王室と英連邦、スイス、米国カバルの半分、そしてバチカンを打ち倒すことができたのだと、パスカル／パトリックは言っている。

グレース・ケリーとダイアナ

それでは、公的にＪＦＫの夫人だったジャクリーン・ケネディとグレース・ケリーの関係はどうなのか？　その部分はまだ明かされてはいない。だが、髪を黒く染めてジャクリーンに扮装したグレース・ケリーが、ＪＦＫの横に座っている写真もあるのだ。ジーザス・ストランドの章に書いた通り、彼らはブラッドライン（血統）を非常に重んじていることを心に留めておいてほしい。

ここからは私の推測なのだが、ダイアナが結婚というかたちで英国王室へ二重スパイとして入り込むにあたり、ホワイトハットは彼女を一人っきりで敵の巣窟に送り込むことはしないのではないか？　たぶん、彼女が王室に入る前に、すでに他のホワイトハットのエージェントが侵入していて、ダイアナと協力し合っていたのではないだろうか、と思うのだ。

英国王室であったウィンザー家はレプタリアンの家系であり、ペドファイルに深く関わっているメンバーたちが存在していた。ダイアナは「スペンサー」という偽名を用いて悪魔の王家に侵入し、英国王室および英連邦全体を内側から崩壊させることに成功したのだ。

以前、裸の男の子がバッキンガム宮殿の窓からカーテンにぶら下がり、逃げようとして下に落ちてしまう動画がＳＮＳに流れたことがあった。観光中の女性たちがその動画を撮っているように見せていたが、もしかするとあの動画もホワイトハットの作戦のひとつだったのかもしれない。説明することなしに、英国王室は裏でこんなおぞましいことをやっている、と知らせるためには、あの動画は非常に効果的だった。

結局、ドナルド・J・トランプとは誰なのか

さまざまな噂が飛び交うドナルド・J・トランプとは、実のところ誰なのだろうか？

２０１６年秋の大統領選にて大方の予想を裏切り、ヒラリー・クリントンを破って米国大統領となったドナルド・J・トランプは、父の建設業を継いだ、ただの大富豪ビジネスマンではなかった。

彼は、第二次世界大戦で活躍した陸軍将軍ジョージ・S・パットンの息子だと言われている。ドナルド・J・トランプは彼の〝舞台名〟であり、本名はトーマス・ジョージ・パットンであると一部のインサイダーは確信を持って言う。

「私は間違った相手と戦っていた」

終戦後、米国内に蔓延るディープステートの存在に気づいたパットン将軍は、退役後に真実の開示をしようとしていた。

それを恐れた当時の軍部は、自動車事故に見せかけて彼を病院に運び、毒殺したのだ。妻も殺害され、赤ん坊がひとり取り残されたが、それがドナルドだった。ドナルド・トランプの誕生日と言われているのは、彼がトランプ家にもらわれていった日付だと言う。データで見るとジョージ・S・パットンが生まれたのは1885年、ドナルド・J・トランプは1946年生まれとなっていて、親子にしてはいささか年齢が離れている。

そこからいくと「ドナルド＝パットン将軍の息子説」は、適切な時期まで真実を隠しておくためのストーリーなのかもしれない。

「ドナルド＝パットン将軍の孫」の線で調べてみると、米政府防衛省の公式ページには、パットン将軍の息子である陸軍少佐ジョージ・パットン4世が、写真付きで掲載されている。この人は1923年生まれとのことなので、年齢的にはしっくり来るが、それもどうなんだろう？　という感じがする。

また、もうひとつの可能性としては、ドナルドは時空間を行き来するタイムトラベラーかもしれない、ということがある。

ドナルド・J・トランプ自身もそうだが、息子バロンをはじめトランプファミリーのメンバーには、謎のタイムトラベラーがたくさんいるような気配がある。

1889年と1893年に出版されたインゲソル・ロックウッド著『幼いバロン・トランプと素晴らしい犬のブルガーの旅と冒険』、『バロン・トランプの驚くべき地下の旅』という本があるが、この100年以上前に書かれた本に、びっくりするほど現在のバロンの状況に一致する記述がいくつもあるのだ。

また、2024年の10月あたりから、インサイダーやアノンたちの間で映画『バック・トゥ・ザ・フューチャー』のことが頻繁に取り沙汰されている。このホワイトハット映画では、時速88マイルを超えた瞬間に、タイムマシンカーであるデロリアンが、あらかじめ設定した年月日および時刻にタイムトラベルするのだ。未来にも過去にもタイムトラベルすることができる。

この映画にはさまざまな暗号が散りばめられていて、暗黙のうちにJFKやホワイトハット、光側のプランが示されているようだ。

未来を見通すことのできるルッキンググラスというテクノロジーが、一時Qの投稿で話題になったこともある。

実際のところ、今戦われている最終戦争には、多くのタイムトラベラーやウォークイン、オフワールドの存在たちが多数関わっている。先述したパスカル・ナジャディや、Xで人気のＶＫ（ヴィンセント・ケネディ）などは、彼らの出してくる情報や情報の出し方からみて、軽々と私たちの時空間や次元の枠を超えていることがわかる。

パスカルは何気に「私もトランプもタイムトラベラーだ」と発言している。

また、Ｑ、つまりＪＦＫや他のケネディ家のメンバーたちも、タイムトラベラーである可能性は高いと思う。

ホワイトハットが高度なテクニックを駆使して、時空間を自在に操ることができるのは確かだし、私たちがそれを学ぶ時も近いのではないだろうか。

いずれにしても、パットン将軍とドナルド・トランプ、そしてホワイトハット・ミリタリーの間には、切ってもきれない関係があることは確かだ。

トランプ家に引き取られ、育てられたドナルドが、ミリタリーに入っていた少年時代の3年間、常にトップのポジションにいたことからもそれがわかる。

青年になったドナルドは、育ての父であるフレッド・トランプの事業を継ぐようにして、ニューヨークで建設・不動産業界に入り、「仕事」に着手した。

その頃のニューヨークはマフィアに牛耳られ、街に住む人々の気持ちも生活もひどくすさんでいた。

ドナルドは、1919年に建てられた古いコモドールホテルを買収し、グランドハイアット・ニューヨークへと改装する事業に大成功する。

一挙に注目を集めたドナルドは、次にニューヨーク5番街の土地を買収し、トランプタワーの建設に着手した。

その資金繰りのために雇った弁護士は、超やり手だがいわくつき、怖いもの知らずのロイ・コーンだった。彼は、ニューヨークに巣食っていた5つのマフィアファミリーの弁護士だったのだ。

だが、見かけとは違い、ロイ・コーンは実はホワイトハットだった。トランプのこの動きは、当時検察官だったルディ・ジュリアーニ元ニューヨーク市長がＲＩＣＯ法により街を支配し荒らしていた5つのマフィアファミリーをすべて駆除することにつながっていく（＊ＲＩＣＯ法　Racketeer Influenced and Corrupt Organizations Act　威力脅迫及び腐敗組織に関する連邦法）。

華やかでリッチマン、何をやってもド派手に成功するドナルド・トランプの存在は、荒れ果てていた街ニューヨークの人々の注目を大いに集めた。このドナルド・トランプというキャラクターは、まさにホワイトハット／Qの「ザ・プラン」の脚本に沿ったものだったのだ。

1983年にグランド・オープンしたトランプタワー・ニューヨークは、金色をふんだんに使った高さ202メートル58階建て、オフィス部分とマンション部分からなる豪勢な高層ビルだ。金持ちやセレブを魅きつけるのにもってこいのスポットだった。

リサーチしていくと、このビルが実はホワイトハットの要塞だということがわかってくる。トランプファミリーだけでなく、ホワイトハットの要人たちや、贅沢好きなカバルたちもこぞって居住し、スティング・オペレーション（オトリ作戦）の格好の場になっていたようだ。

銀行からド派手に多額の融資を受け、ニューヨーク市にとって良いことをしているという理由で多額の税金の引き延ばしを市に訴えるトランプ。エゴだらけで強欲で、触るものがすべてゴールドに変わる……。そんなキラキラな青年に見せかけたドナルド・トランプに、金融カバルたちは飛びつき、こぞって彼に巨額のおカネを貸し付けた。

ビジネスマンとして大成功したかのように見えたドナルドだが、アトランティックシティのカジノを買い取って大改装し、カジノ「タージマハール」をオープンしようとしたあたりから、栄光の道に影が差し始める。

巨額の負債を抱え資金繰りに苦しむ中、突然の浮気と離婚、その後もモデル女性たちと浮き名を流し、ドナルド・トランプの評判は一気に失墜していく。「タージマハール」建設に関わっていた役員たちがヘリコプター墜落事故で全員亡くなるという事件もあった（この事故も、リサーチするといろいろ出てきそうだ）。

トランプ帝国が揺らぎ出すとともに、彼に気前よく出資していたカバル銀行家たちは、トランプもろとも危うい状況に陥っていった。もはやトランプは、カバルたちにとって失敗するには大きすぎる存在になっていた。

そして、これこそがホワイトハットのプランだったのだ。

当たり前だが、ホワイトハットの目的はトランプがビジネスで成功することではなく、トランプを通してカバルの手管を学習し、彼らを観察して、最終的に引きずり下ろすことだった。

トランプがニューヨークで事業を開始した1977年から1990年までの間に、金融カバルたちは麻痺してしまったのだ。こうやってホワイトハットは静かに内側から、金融カバルたちを突き崩していった。

カバルたちが2000年に9・11事件を起こし、翌日には「テロ対策」の名目でアフガニスタンに戦争をしかけた時、勝ち誇ったように好き勝手やっているのだろうと思っていたのだが、実はトランプによる突き崩しや、迫り来るネサラの動きに追い詰められ、相当焦っていたのだ。

そして2008年、金融カバルたちが恐れていたことが、リーマン・ショックで一挙に現実化した。

「トランプ大統領のワールドツアー」の意味を紐解いてくれたチャーリー・フリークは、大統領になるまでにドナルド・トランプがやったことには、ひとつひとつすべてに意味があると言う。

評判も資産もどん底になったかのように見えたトランプだったが、2004年に『アプレンティス』というTV番組を始めた頃から、少しずつ回復していく。

この番組は視聴率も高く、2012年まで続いた。番組の中でトランプはリーダーとしての資質を見せつけ、豊かさについて、またビジネスで成功することについてのビジョンを示した。だが、同時にエゴのかたまりのような人格も感じさせた。

そうするうちに、トランプは大統領になることに興味を示す発言を始めた。大統領選が近づくたびに、出馬するだのしないだのと何年も世間を騒がせ、大統領だったオバマの出生証明書への疑惑を投げかけて物議をかもし出し、上手に人々の注目を集め続けた。

ついに2016年6月、メラニア夫人と一緒にトランプタワーのゴールデン・エスカレーターで階下へと降りるという象徴的なアクションを取り、トランプは大統領選に出馬することを宣言する。

そして11月の選挙でヒラリー・クリントンを破り、米国第45代大統領となったのだ。もし万が一、2016年の選挙でヒラリーが勝利していたなら、ミリタリーはクーデターを起こすつもりだったと、ジェローム・コルシは語っている。

もしそうなっていたら、この戦いはもっと激しいものになり、民間人がカバルの直接的なターゲットとなり、地上戦で多くの人命が失われていただろうことは想像に難くない。

さらに選挙前の2016年9月11日に、ヒラリーは逮捕されたという説もある。そうだとすると、それ以降のヒラリーはすべて、クローンや影武者の役者たちだったということになる。ヒラリーだけではなく多くの主要なカバルたちは、選挙の前には逮捕され、グアンタナモに送られていたとも言われている。

時系列の確証はないが、多くの戦いや逮捕は、私たちが知るよりもずっと前におこなわれている。作戦が終了して安全な状態になった後に、私たちはホワイトハットが製作した映画を見ている。まさに「ポップコーン」なのだ。

ドナルド・トランプというキャラクターは、彼自身と背後にいるホワイトハット／Qチームが意図的に創り出したものだ。カバルによる「地球完全支配と人類の90％撲滅」という計画を打ち倒すための「ザ・プラン」の鍵であり、最も重要な部分。それがトランプだった。

トランプの軌跡を見ていると、ホワイトハット／Qチームがいかにプランを綿密に練り上げ、決して急がず、5次元チェスの駒をひとつひとつ注意深く動かして来たかを垣間見ることができる。

彼らの粘り強さ、意図の強靭さには、感嘆するばかりだ。その奥には常に、人類に対する愛と正義を重んずる精神が溢れている。

ドナルドの3人の結婚相手や、一連のゴシップに登場した女性たち、トランプ周囲の人々も、ホワイトハットのエージェントだった可能性が非常に高い。

メラニアは、ロシア最後の皇帝であるロマノフ家の、生き残った子孫と言われている。だが、メラニアも一人ではなく、ホワイトハットの女性エージェントたちや、オフワールドの存在たちが演じている場合もありそうだ。また、ダイアナがメラニアを演じている可能性もある。ダイアナはＪＦＫジュニアやパトリック同様に、変装のプロフェッショナルなのだ。

JFK Fanというアカウントによると、大統領になるまでのドナルドはパットン将軍の息子が、大統領になってからのトランプはすべてではないにせよＪＦＫが演じていたという。

ＪＦＫはメドベッドを使用することなどで肉体を若く保っていたかもしれず、その可能性はじゅうぶんにある。彼がホワイトハットの中枢、Ｑであるとすれば尚更だ。

注意深く見ていると、大統領になった後のトランプは、何人もの人が演じていることがわかる。

国際会議などで重要なスピーチをするトランプ（これはＪＦＫかもしれない）、マル・

ア・ラーゴの集会やパーティに姿を見せるトランプ、広い会場のラリーでスピーチするトランプ、街中で気さくに聴衆に話しかけるトランプ、ゴルフを楽しむトランプ（こちらはプロゴルファーのようだ）、など、さまざまなトランプ・バージョンがあるのだ。

それだけでなく、カバルが用意した悪玉トランプもいたようだ。スペースフォースのレポートによると、２０２４年9月13日にドナルド・トランプのフリをしていたマイケル・ロスチャイルドを逮捕したとのことだ。

パットン将軍の息子である本物のトランプはほとんど表の場には現れず、ミリタリーの最高司令官としてシャイアン・マウンテンにあるスペースフォースの基地から指揮を執っているとも言われている。

トランプが表舞台に立つまで遂行されたカバルの悪業

ホワイトハット／Ｑチームの「ザ・プラン」には、私たちからは決して見えない、もうひとつの流れがあった。この流れについても、チャーリー・フリークが動画で語っている。

先述したように、1980～1990年代に起きたことは、ドナルド・トランプという人物像を際立たせるためだった。ニューヨークに建てたトランプタワーは、トランプとホワイトハットの砦であり、武装された司令部だ。西欧におけるすべての作戦司令はここからおこなわれてきた。

そして驚くべきことに、ロシアを支配していた共産主義ソビエト連邦を長い時間をかけて崩壊に導いたのも、このNYの司令部、トランプタワーからだったのだ。

共産主義は悪魔教のようなものだ。カバルの要素を濃縮して詰め込んだ、自由意志と相互尊重を基盤とする人間の本質を破壊するシステムだ。

カバルに屈しなかったロシアとドイツが、共産主義によって一番ひどい目に遭ってしまった。このふたつの国の人々は神聖かつ善良であり、カバルの傀儡へと落ちなかったために、共産主義やナチスにダイレクトに侵攻されてしまったのだ。

冷戦時代、代理戦争の舞台となったアフガニスタン紛争の裏にあった真実を伝える『チャーリー・ウィルソンズ・ウォー』という映画がある。米国の一議員チャールズ・ウィルソンとCIAのひとりの人間が中心となって、隠密にアフガニスタンに協力し、最終的にソビエト連邦を崩壊へと導き、その後ベルリンの壁の壊滅へと誘った経緯を描いた、実話にもとづいた映画だ。

もちろんだが、2007年に公開されたこの映画の中では、ニューヨークのトランプタワーやホワイトハットとのつながりは一切描かれていない。

唯一ニューヨークの存在を感じさせるのは、ウィルソンに麻薬使用の疑いがかかり、検察官「ルディ・ジュリアーニ」がウィルソンを捜査する、という場面だけだ。実際のところこれは、ウィルソンが隠密におこなっていた対ソ連戦争から人々の目を逸らすためのゴシップであり、ホワイトハットによる作戦だったのだ。

Q／ホワイトハットがアフガン紛争に介入した目的は、カバルであるソ連共産党の経済と共産主義を崩壊させて、ロシア人に国を返還することだった。

1991年にソビエト連邦が崩壊した後、ウラジーミル・プーチンが浮上してくる。もちろん、オリジナルのオリガークのプーチンではなく、バージョン2・0だ。

西にはトランプタワーのトランプ、東にはクレムリンのプーチン。

こうやってホワイトハットの2本の柱が、世界の東と西に立った。どちらも鉄壁のミリタリーを背後に従えた強力な存在だ。

Qチーム／ホワイトハットのプランは、まず最初に、ニューヨークに巣食っていたカバルの手先である5つのマフィアファミリーを崩壊させることだった。それが無事に成功し、次に隠密にソ連共産党を崩壊させ、ベルリンの壁を崩した。

冷戦時代、隠密に事を運ばなければ、世界大戦へと突入してしまう危険があったために、彼らは綿密に計画を立て、決して慌てず急がず、慎重にプランを遂行していったのだ。

映画『チャーリー・ウィルソンズ・ウォー』を細かく見ていくと、裏舞台で指揮を執っているホワイトハット／Qのサインをあちこちに見いだせる。

ソビエト連邦が崩壊し、ベルリンの壁が崩壊しても、カバルはあきらめなかった。内側に愛も光も保てない彼らは、悲しいかな、そのような生き方しかできないのだ。

カバルたちは人間の怒りや悲しみ、苦しみを好きなだけ捻り出し、人々から搾取を続けていた。ドナルド・トランプが2017年に表舞台に立つまでは。

ホワイトハットと協働する人々は多様性に富んでいる。それぞれが自分の得意技や持ち場を生かし、生き方や意見の違いがあっても、「光によって闇を制圧する」というひとつの目的のために働いている。

たとえて言うなら、からだの中の白血球のような、ありがたい人々だ。体内に悪玉菌が増えて蔓延ると、いくつもの種類の白血球がどこからともなく現れ、連携し合いつつ、それぞれのやり方で悪玉菌と戦ってくれる。もし白血球がなかったら、からだはすぐに悪玉菌やがん細胞に圧倒されて弱り、挙げ句の果てには死んでしまうだろう。白血球のようなホワイトハットがいなかったら、とっくの昔に地球全体が社会主義や全体主義の闇に陥っていたかもしれない。

ホワイトハットが今までやってきたこと、そして現在もやり続けていることがわかってくると、自分が白血球ではなかったとしても、少なくとも白血球が働きやすいよう、自分の持ち場でできることをやろう、と思えてくるのだ。


ところで、現時点で私が関心を抱いているのは、トランプというキャラクターがいつどのようなかたちで幕引きするのか、ということだ（この本が出る頃には、すでに幕引きされた後かもしれない）。

トランプ大統領は世界的に絶大な人気があり、特に米国ではアイコン的な存在となっている。アニメ『ザ・シンプソンズ』に描かれているような、トランプが倒れる場面が現実で起きるとすれば、多くの人に相当なショックを与えることになるだろう。

ラリー中に銃弾がトランプの右耳をかすめたのは、何を象徴しているのだろう？

段階を追ってトランプというキャラクターをフェードアウトさせていくのか？　または、このキャラクターを生かしたまま、映画のエンディングへと向かうのだろうか？　いずれにせよ、ホワイトハットのセントラル・キャスティング作戦の腕の見せどころだと思う。

果てしなく長くなるであろうこの映画のエンディングロールに、ホワイトハット・ミリタリー最高司令官トランプやＪＦＫジュニアと並んで、名前すら知らなかったホワイトハットの人々が公式に登場する時が、個人的には楽しみでたまらない。

光側の目的を果たしている、ハリウッドの真実

トランプが大統領選に出馬し当選した頃から、ハリウッドでは多くの俳優や女優、歌手やアーティストたちが、一斉に強烈なトランプ批判を展開していた。

ところが、しばらくすると、今度はそれらの俳優や女優、アーティストなどのセレブた

ちが、ペドファイルや悪魔の儀式に関与していたらしき写真や動画がSNSに大量に投稿されるようになった。

それを目の当たりにして、トランプを応援する多くの人が「ああ、ハリウッドはカバルの巣窟だったのか」と思ったのではないだろうか。何を隠そう、当時の私自身もまったく同じように思っていた。

歌手のマドンナをはじめ、トップアーティストたちが真っ向からトランプを攻撃していたが、それと同時にそれらのセレブたちによる子どもの誘拐や売買、悪魔的儀式、アドレノクロームの常用などのペドファイルに関する情報が次々に出てきた。いっときは、彼らの多くが捕獲され、逃げないようにGPS付きの片足ブーツを履いている写真がたくさん出回った。

『フォレスト・ガンプ』はじめ、いくつもの感動的な映画に主演したトム・ハンクスが、実はペドファイルに深く関与しているらしき写真が出回った時には、心からがっかりしたことを覚えている。

オバマとジョージ・クルーニーが小さい女の子を縛り付けて一緒にボートに乗っている写真が出回ったあとは、しばらくの間、映画をひとつも見る気になれなかった。

だが、これら一連の「極悪セレブたち」は、実はホワイトハットがプロデュースし、一流の俳優や女優、アーティストたちが演じていたものだとしたら？

ハリウッドに精通しているチャーリー・フリークは言う。

「悪魔の儀式やペドファイルをやっていると思われている有名人の多くは、実はホワイトハットなんだ。見えないところで本当にそういうことをやっている奴らがいることを言葉で説明しても、大衆は信じないだろう。だから、誰かがそれを（芝居として）やって見せなくてはならなかったんだよ。」

百聞は一見にしかず、である。

ブランドン・リー（若き日のチャーリー・フリーク？）

ハリウッドで活躍する人々の多くは、素晴らしい作品を生み出しつつ、ホワイトハットの仲間としてつながり、グループとして助け合い、カバルの誘惑からお互いを守り合いながら働いている。そして彼らは進んでこの悪役、カバル役を引き受けたのだと言うのだ。

ちなみに本人はやんわりと否定しているものの、チャーリー・フリークはブルース・リーの息子、ブランドン・リーだという説がある。ブルース・リーは若くして死んだことになっているが、息子であるブランドン・リーもまた、20代で早逝したと言われている。スティーヴ・マックイーンやポール・ニューマン、ロバート・レッドフォードをよく知っていると言っているフリークが、ブランドンである可能性は高い。

また彼は、ホワイトハット／Qチームと深くつながっていると見られる。ディスクロージャー・コミュニティの中で、初めてトランプ大統領の「各国カバルの降参ワールド・ツアー」の解説をしてくれたのも彼だ。

おまけだが、ブルース・リーは今も健在で、マスクをかぶって習近平氏の役を演じているという説さえある。

たとえば、2020年のゴールデングローブ賞授賞式におけるリッキー・ジャーヴェイスのオープニング・モノローグだ。

ハリウッドのセレブたちがずらっと客席に集まる中、舞台に立ったジャーヴェイスは、ペドファイルやアドレノクローム常用者、ダーティビジネスをやっている連中のことをジヨークと皮肉たっぷりに、だがバッサリと切り捨てた。

「まいったな」という表情のトム・ハンクスや、不快な表情を露わにするスピルバーグ監督、固まるアップル社のCEOなどが画面に大きく映し出され、抜群のタイミングでカメラが切り替わっていく。

これで、彼らがみんな犯罪者でありカバルの一味だったことが決定だな、と思ったのは私だけではないだろう。

だが、チャーリー・フリークは、この会場にいたのはすべてホワイトハットの映画人たちだったと断言する。彼らは総出で悪役を演じ、ハリウッドに巣食っていたカバルやその手下たちがやってきたことを私たちに見せつけたのだと言うのだ。

当時はこれがリアルな授賞式だと思い込んでいたが、あらためて注意深く見てみると、確かにこれはかなり綿密にセットアップされた撮影だということがわかってくる。

ハリウッドではホワイトハットによるオトリ作戦が内密に進行していた。

トップにいたカバルたちが捕らえられたことを知ると、その手下たちは仮面をかなぐり捨てて、平気で人々を傷つけたり殺し始める危険がある。気づかれないように手下たちを捕らえるためにも、トム・ハンクスはじめホワイトハットの役者たちの多くが、自らを彼らの仲間だと思わせるために悪役に回った。

X（旧ツイッター）やインスタグラム、時にはQの投稿にも、カバルの手下たちをひっかけるための偽情報が流され、私たちはもろとも騙され、ショックを受けつつ、ハリウッドは悪魔とペドファイルたちの住む場所と信じ込んだ。

しかし、これこそがホワイトハットのプランだった。まさに孫子の「すべての戦争は欺瞞である」という言葉通りなのだ。

ブラックハッツが製作する映画は、人間にモラルを失わせ、次第に社会主義や奴隷化へと導くための映画だ。セックス、ドラッグ、暴力を用いて人間を低い周波数へと誘惑し、恐怖のエネルギーを生み出させ、神聖なものを貶めようとする。

ハリウッドの語源はもともとホーリーウッド、つまりホワイトマジックに使うワンドを作るための聖なる木という意味だ。その聖なる地にカバルが潜入してきた。巨額の資金や、政治、カバル社会のコネクションにハイジャックされ、ハリウッドは堕落してしまった。

特に、多くの人がお金に引きずられてしまったという。映画界にも音楽界にもバンパイアたちが潜んでいる。バンパイアたちは、ハリウッドにやってきた何も知らない無邪気な人々を捕食していたのだ。

だが、それでもなお、ホワイトハットが経営するプロダクション会社や、善良で決してブラックハッツにはなびかない映画人たちが、ハリウッドには多く存在していた。

創造的な人間は自然に、善きものを生み出そうとする。

スピルバーグやロン・ハワード、ウォシャウスキーといった監督たちのもとに集まる役者たちは、みんなホワイトハットだ。こういった監督たちは決してアドレノクローム常用者を役者として起用しない。

先述したグレース・ケリーのように、一流の俳優や女優の中には、実はメインの仕事はスパイである人も大勢いるのではないかと思う。なぜなら、スパイには高度で命がけの演技力と肝っ玉が要求されるからだ。

ハリウッドは、つねに善と悪、光と闇の戦争が戦われてきた戦場なのだ。

ペドファイルでアドレノクローム常用者という汚名にまみれたトム・ハンクスだが、話題となったゴールデン・グローブ賞の後も、グアンタナモに送還された気配はない。

調べてみると、ちゃんと映画活動を続けているではないか。２０２３年には映画『アステロイド・シティ』に、24年には『Here（日本題未定）』に出演している。
つまりトム・ハンクスは、今まで築いてきた栄光や名誉が地に堕ちることを厭わずに、より大きな光側の目的のために働く偉大なパトリオットなのだ。

映画人だけでなく、音楽界にいるホワイトハットのアーティストたちも、多くが悪役を引き受けている。

マドンナやレディー・ガガ、テイラー・スイフトなど、あからさまでエキセントリックなまでに悪魔的なことをやって見せるアーティストたちは、特にその可能性が高いという。カバルが今まで子どもたちに何をしてきたか、人々に何をしてきたのかを映し出して見せながらも、こういったアーティストたちは、歌詞の中やプロモーション・ビデオのほんのひとコマに、それとはわからないようにホワイトハットのサインや暗号をそっと入れ込んでいるのだ。

ホワイトハットは、ハリウッドに巣食っていた本物の犯罪者たちの現場写真や動画その他を山ほど所持しているだろう。何と言ってもＮＳＡ（米国家安全保障局）はホワイトハットの諜報機関なのだから。だが、それらの証拠品を公表するのは、まだ時期尚早なのだ。

私たちはまだ、この事実を直視する準備ができていない。だからこそ、優れた役者たちが集結し、みんなで悪役を演じることで、少しずつ私たちに真実を知らしめている。

ハリウッドにいるホワイトハットは、自分のキャリアや評判を蔑めることを厭わず、人類のための仕事を引き受けてくれている素晴らしい人たちなんだ、とチャーリー・フリークは言うのだ。

死んだはずの人は生きている——マイケル・ジャクソンは自身の葬儀に参加していた⁉

ホワイトハットの著名人の多くが、とあるタイミングで死んでいく。

昔から、早逝、飛行機事故、睡眠薬、麻薬、自殺などの理由で、才能ある人がこの世を去ったというニュースが後を絶たなかった。

映画界の有名どころでは、ジェームス・ディーン、ブルース・リー、マリリン・モンロー、スティーヴ・マックイーン、ロビン・ウィリアムズ、リバー・フェニックス、ヒース・レジャーなどがいる。

音楽界では、ボブ・マーリー、ジミ・ヘンドリックス、ジャニス・ジョプリン、ドアーズのジム・モリソン、ローリング・ストーンズのブライアン・ジョーンズ、エルヴィス・プレスリー、ジョン・レノン、ジョン・デンバー、クイーンのフレディ・マーキュリー、マイケル・ジャクソン、ホイットニー・ヒューストン、ニルヴァーナのカート・コバーン、プリンス、エイミー・ワインハウスなど、数知れない。

日本ではあまり知られていない人たちを含めると、この他にもほんとうにたくさんいるのだが、彼らはホワイトハットのウィング・プロテクション・プログラムに入り、元気に生きているだけでなく、ホワイトハットとして活動していると言われているのだ。

ヴェロニカというハンドルネームでXに「人々の橋（People's Bridge）」の写真を投稿していたのは、年を重ねたマリリン・モンローだったと言われているし、リチャード・シチズン・ジャーナリストというハンドルネームでテレグラムに投稿しているのはリバー・フェニックスではないかと言われている。

エルヴィス・プレスリーも生きていて、ボブ・ジョイスという牧師がエルヴィスそっくりの声で教会で歌っている。エルヴィスは実は双子である、という説もある。

名優モーガン・フリーマンは、実はジミー・ヘンドリックスだと言われている。二人の顔を並べて見比べてみると、なるほどと思う。

それ以外にも、インサイダーとして顔を出さずに情報を流している人々の中には、私たちが映画のスクリーンやTVでよく知っている人々がいるようなのだ。

有名な俳優や音楽家の偽装死は、ホワイトハットの最強の戦術のひとつであり、ダイアナやJFKジュニアの死、さかのぼればJFKの「暗殺」にも使われた方法だったのだ。

自身の死をフェイクすることの源流をたどっていくと、錬金術の達人でもあったフランシス・ベーコンに行き当たる。ベーコンは、ヒマラヤでの修行の後、アセンデッドマスター聖ジャーメインとなった人である。

英国で政治的に成功し、有名になったベーコンに嫉妬した議員たちが、彼に汚職の罪を着せて糾弾した。後にそれが虚偽だったことがわかるのだが、政治競争に嫌気がさしたベーコンは1626年に「哲学者の死」、つまり自分自身の死を偽装した。棺には他の死体を入れ、変装して自分の葬式に参列したという。

フランシス・ベーコン

これはまさに、マイケル・ジャクソンが自分の葬儀に参列していたという話につながる。さまざまなリサーチを重ねていくと、闇と光の最終戦争を戦うホワイトハットの源流に、フランシス・ベーコンの教えがないわけがない、というところに行き着く。アセンデッドマスターとなった聖ジャーメインは、アメリカ合衆国の建国やネサラ・ジェサラを見えないところで先導し、今もなお力強くヘルプしている存在だ。米国や世界中の人々の自由と平和のために戦うホワイトハットは、聖ジャーメインと深くつながっていないはずがないのだ。

死んだはずの人は生きている。
生きていると思われている人はすでにこの世を去っている。毎日のようにTVやSNSに登場している政治家やカバルの親玉たちは、もはやここにはいない。

エプスタイン島の秘密——この島でおこなわれていたスパイ活動とは?

チャーリー・フリークが話すことの中でも、一番驚いたのがジェフリー・エプスタインとリトル・セント・ジェームス島のことだ。

エプスタインなる人物が、この島に各界の名士たち、たとえばクリントン夫妻や最高裁判所の判事、資産家、有名人などを招待し、そこで少女買春や子どもを生贄にする儀式をやっていた、と言われている。

エプスタインは逮捕され、この島に誰が行ったのかフライト記録が取り沙汰され、エプスタイン自身は刑務所で謎の自殺を遂げた……ことになっている。

エプスタインの犯罪のパートナーだったギレーヌ・マックスウェルは、英国のソーシャライト（社交界の花）でありながら、ヘリコプターだけでなく潜水艦までも操縦できる女性だという。

だが、フリークは、なんとリトル・セント・ジェームス島自体が、ホワイトハットの大がかりなオトリ作戦だったのだと言うのだ。

エプスタインの誘惑に引っかかり、のこのこ島までやって来たゲストを待ち受けているのはホワイトハット・ミリタリーだった。島はミリタリーが所有しており、そこで逮捕、裁判、刑の執行がされていた。ちなみに、潜水艦を操縦していたのは海軍だった。

そうだとすると、少なくともエプスタインは、ダブルエージェント（二重スパイ）だった、ということになる。

このエプスタイン・オペレーションを映画化したものが、2024年9月にようやく公開された『サウンド・オブ・フリーダム』だろう。

ペドファイル目的で楽園の島に行くグループの中には、密かに捜査官が紛れ込んでいるのだ。


エレン・デジェネレスの人気TVバラエティ番組のセットがエプスタインの島に建てられた家にそっくりで、しかもエレンは「ペドファイルでアドレノクローマー」のトム・ハンクスとやりとりをしていた。ということで彼女も犯罪者決定という筋書きだったが、もし本当に犯罪をやっていたのだとしたら、わざわざ「私、ペド島と関係あるの」と言わんばかりのセットを自分の番組に使うだろうか？

ディスクロージャー情報を追っている人々の多くは「なんでカバルやその手下たちは、自分たちが悪者であることを見せつけるのか？」という疑問を持っていたと思うが、ほんとうの悪者たちは見せつけてなどいなかった。それをやって見せていたのは、ホワイトハットだった。そう言われて、私の中でさまざまなことが腑に落ちた。その視点から見ていくと、あちらこちらに実に細かい工夫が凝らされているのがわかってくる。

現時点では、この説が絶対に正しいという証拠はもちろんない。だが、私の直感は大きくＹＥＳと頷いている。読者の方々はどう感じるだろうか？

今まで私たちは、カバルが人類に対してやってきた酷いことや残忍なこと、巨大な嘘の数々に焦点をあてるように促されてきたが、ここに来てそのプロセスが終了しようとしている。ここからは、ホワイトハットとはほんとうは誰なのか、実際に何をやってきたのか、これから何をみんなでやっていくのかを理解する段階に入ったように感じている。タイムラインをジャンプし、人類の集合意識が本気で目覚め始め、ようやく次の段階に進むところまで来たのだ。

〈画像引用元〉
リカルド・ボシ　ランブル動画チャンネル
https://rumble.com/c/c-5874189

ミリタリーへの権力のスムーズな移行　動画

https://rumble.com/vrjvwh-smooth-transition-to-military-power.html

ゲマトリア・カルキュレーター

https://www.gematrix.org/

Qアラート　（Q投稿のアーカイブ）

https://qalerts.net/

セントラル・キャスティング　配役会社

https://www.centralcasting.com/

元CIAジョナ・メンデスのインタビュー

https://www.atlasobscura.com/videos/cia-chief-of-disguise-hollywood-mask

パスカル・ナジャディ　ランブル動画チャンネル

https://rumble.com/user/PascalAndDianaNajadiKennedyKahlooniQ

Netflixドキュメンタリー　「トランプ：アメリカン・ドリーム」

https://www.netflix.com/jp/title/80206395

Netflixドキュメンタリー　「ゴッティを仕留めろ」（NYの5つのマフィアファミリー撃退）

映画「チャーリー・ウィルソンズ・ウォー」　wiki

https://ja.wikipedia.org/wiki/%E3%83%81%E3%83%A3%E3%83%BC%E3%83%AA%E3%83%BC%E3%83%BB%E3%82%A6%E3%82%A3%E3%83%AB%E3%82%BD%E3%83%B3%E3%82%BA%E3%83%BB%E3%82%A6%E3%82%A9%E3%83%BC

ブランドン・リー　wiki

https://ja.wikipedia.org/wiki/%E3%83%96%E3%83%A9%E3%83%B3%E3%83%89%E3%83%B3%E3%83%BB%E3%83%AA%E3%83%BC

チャーリー・フリーク　ランブル動画チャンネル

https://rumble.com/user/CharlieFreak

リッキー・ジャーヴェイス　ゴールデングローブ賞 オープニングモノローグ（日本語字幕付き）
https://youtu.be/ba2gacEkijA?si=brHGRc6GWZSHnzpA

コラム

ゲマトリアとは？

ここでは、私が独学で学んだ、ホワイトハット／Qのゲマトリアの使い方をお伝えしよう。

ゲマトリアは、ヘブライのカバラ・数秘テクノロジーである。

文字はそれぞれ数値を持っており、それを組み合わせてできる言葉の数値が同じものは、どこかでつながっていることを直感的に捉え、暗号を解いていく方法として用いられている。

ホワイトハット／Qは、英語のアルファベットの組み合わせをシンプル・ゲマトリアで解釈することを基本としている。

〈アルファベットと数字の組み合わせ〉

A＝1　B＝2　C＝3　D＝4　E＝5　F＝6　G＝7　H＝8　I＝9

J＝10
K＝11
L＝12
M＝13
N＝14
O＝15
P＝16
Q＝17
R＝18
S＝19
T＝20
U＝21
V＝22
W＝23
X＝24
Y＝25
Z＝26

Qは数字の17となるために、トランプは「セブンティーン」を連発するし、17を見たらそれはQを意味している。

JFK（ジュニア）がQだとすると、ジュニアは次に来るR、という見立てもできる。

ゲマトリアでは、大文字、小文字、スペースはカウントしない。また、0（ゼロ）をカウントしないので、107は17と見立てることもできるし、同時にそれぞれの意味も持っている。17＝1＋7＝8、と見立てることもできるし、鏡写しで17≑71と見ることもできる。

ゲマトリアは、意識を広げて、ものごとを直感的かつ立体的に捉える練習に非常に役立つ。

〈ゲマトリアの読み方〉

多くのアノンたちが使っていると思われるのが、ゲマトリア・カルキュレーター（https://www.gematrix.org/）だ。

言葉を入れると、ヘブライ語、英語、シンプルの3種類のゲマトリアが算出されるが、ホワイトハット／Q関連では、ほぼ必ずシンプル・ゲマトリアが使われている。

たとえば、2018年ダボスにおけるWEF（ワールド・エコノミック・フォーラム）に乗り込み、スピーチをおこなったトランプ大統領は、赤いネクタイを締めていた。ネクタイの色も暗号なのだが、ここでは「赤いネクタイ= Red tie」でゲマトリアの数値を出してみよう。

カルキュレーターのシンプル・ゲマトリアでは「61」という数値が弾き出された。そこで、61の数値を持つ他の言葉を見て、ピンとくるものをピックアップする。（括弧内は、筆者の感じたことを書いた。）

Wow　わお！

Q Anon　Qアノン
Thor　ソー（雷のパワー、トランプが雷をWEFに落とす）
Miracle　ミラクル、奇跡
News　ニュース（一般ピープル以上にカバル、グローバリストたちにとってショッキングなニュースだっただろう。）
Davos　ダボス
I am rich　私は金持ち（トランプは悪者が人々から奪った富を奪還した）

人によって、ピックアップする言葉に違いがあるだろう。

また、中には真逆な意味を持つ言葉も含まれている。二極性の世界では鏡写しになっているために、同じ数値に陰陽両方の意味が含まれているのだ。

第四章

闇と光の戦いの根源にあるもの

――人類はハートを通じて闇を凌駕できるか

人類誕生の時から始まっていた戦い

まずは、おおもとの話をしよう。

この144宇宙において神の許可のもと、大天使ルシファーは二極性の実験、つまり闇と光の実験を開始した。この実験のために、ルシファーは独自の二極性のフラワー・オブ・ライフを設計し、多くの天使たちをこの実験に引き入れた。

時は流れ、ルシファーの実験は失敗に終わった。ルシファーはそれを認め、すでに創造主と兄弟である大天使ミカエルのもとに帰還している。

だが、いまだにそれを知らないルシファーの手下たちは、二極性のダンスの中で闇を演じ続けている。特に地球は闇と光の最後の戦場であり、ここで最も激しい戦いが繰り広げられてきたと言われているのだ。

地球人類に関わる闇と光の戦いは、人類誕生の時からずっと続いてきた。

アヌンナキ帝国の帝王アヌの二人の息子、エンキとエンリルは、彼らの星で必要になった金の採掘のために宇宙船で地球にやってきた。

エンキの母親はヒューマノイド、エンリルの母親はレプタリアン、つまり彼らは異母兄弟だった。エンキは純粋なヒューマノイド、エンリルはヒューマノイドとレプタリアンのハーフブラッドだったのだ。

エンリルが全滅させようとした地球人類をエンキは守ろうとし、兄弟による壮絶な戦いが繰り広げられた。エンリルは大洪水で地球上の生物を皆殺しにしようとしたが、エンキの助言によるノアの箱舟のおかげで、地上の生命が死に絶えることはなかった。だが、戦いに敗れたエンキは地球を去ることを余儀なくされた。

エンリルとエンリルの息子、そしてエンリル側についたエンキの息子の三人が地球に残った。彼らは人類を支配すべく複数の宗教を作り、それぞれの宗教の神として振る舞った。そうやって違う宗教を信仰する者同士を争わせたのだ。人類は分断され、それぞれの「神」のもとでお互いを憎しむ心が生まれ、争うようになっていった。

旧約聖書には、カインとアベルという兄弟の話がある。

カインは神に愛されている善良な弟のアベルに嫉妬し、アベルを殺してしまう。ここから人類の歴史物語が始まっているのだ。

アベルはヒューマノイド、カインはヒューマノイドとレプタリアンの混血、彼らもやはり異母兄弟だったと言われている。これがエンキとエンリルのことを指しているのかどうかはわからないが、それぞれの子孫なのかもしれない。この二つの話が、どこかでつながっていることは確かだ。

ディスクロージャー・コミュニティでは、良きものを殺め、闇と悪を地上に蔓延らせようとする者たちの総称として、アベルを殺したカインの子孫たちをケイナナイツと呼ぶことがある。カインを祖先に持つケイナナイツたちは、神に愛されている人間に常に劣等感を感じ、嫉妬と怒りを手放すことができずにいた。

アヌンナキが地球にやってくるよりも前に、宇宙のシーダーズ（種を蒔く人々）、またはジェネティック・ファーマー（遺伝子を植える農夫）と呼ばれる高次元の存在たちが、地球人のＤＮＡに素晴らしい遺伝子を植え付けていた。遺伝子学者でもあるエンキは、そのことを知って地球人の可能性を思い、愛情深く進化を助けようとしたが、残念ながら人類はエンリルとその一味に弄ばれ、搾取されてしまうことになった。

エレナ・ダナーンによると、銀河連合によってエンリルは捕らえられ、刑務所のような星に収監されているとのことだ。もはや悪事は働けない。そしてうれしいことに、エンキが戻ってきて地球人類の再生を助けたいと思ってくれているようだ。

彼らが作った宗教によって植え付けられたマインドコントロールやトラウマを解くことは、私たち地球人の早急の課題だ。

ジーザス・ストランド——脈々と続くイエス・キリストの血統

ジーザス・ストランドのことを書くにあたって、まずはイェシュア（イエス・キリスト）とメアリー・マグダレン（マグダラのマリア）について、私が理解していることに簡単に触れておこう。

約2000年前にナザレのイエス、またはイェシュア・ベン・ジョセフと呼ばれる存在が地球にやって来たとき、彼が伝えようとしたことは、たったひとつ「たがいに愛し合いなさい」というシンプルなものだった。

イェシュアが処刑された後、彼の一番弟子であり妻でもあったメアリー・マグダレンは、イェシュアの母マリアや女性を含む少数の弟子たちと一緒に舟に乗って逃げた。サン・マリー・ド・ラ・メールからフランスに上陸し、最終的にイギリスのグラストンベリーに落ち着き、そこで暮らした。

イェシュアが捕えられる前の晩、二人は愛し合い、彼女は身ごもった。この夜、イェシュアはメアリー・マグダレンに一輪の青いバラの花を贈り、彼女の髪に飾った。

メアリー・マグダレンは、この青いバラをずっと持っていた。そして、イニシエートたちの内なるサークルに、オーダー・オブ・ザ・ブルーローズという名前を付け、乾燥させたこの青いバラの花をイニシエーションに用いたという。

二人の間に生まれた女の子は、後にその子孫たちがテンプル騎士団となる家系の男性と結婚した。つまり、イェシュアの血統は途絶えることなく、テンプル騎士団へと受け継がれていったのだ。


さて、ここからジーザス・ストランドの話になる。ストランドとは、DNAの螺旋を意味している。テンプル騎士団に受け継がれたイェシュアのDNAは、それからどうなっていったのだろうか。

イェシュアが磔刑に処されたあと、亡骸《なきがら》を包んだ亜麻布が発見されたことは知っている人も多いと思う。それは「トリノの聖骸布」と呼ばれている。

１９８０年代、その布は偽物であると言われていた時期があったが、２０２０年になってあらためて分析した結果、これが本物である可能性が非常に高いことが証明された。布に付着した血液のＤＮＡが分析され、その結果イェシュアはユダヤ人ではないことが判明した。そしてイェシュアのＤＮＡは「ドゥルーズ」と呼ばれる一族に限りなく近いということがわかったのだ。

ドゥルーズは、シリア、チュニジア、レバノン、リビア、エジプト、ヨルダン、パレスチナを含む、古代エジプトから中東にかけての地域に起源がある一族である。ドゥルーズの人々は、同じドゥルーズの一族内で結婚する。それ以外の結婚をした場合、その人はドゥルーズではなくなる。そうやってイェシュアの血統を守っているのだ。

このドゥルーズの中に、カルーニ（Kahlooni）という家系がある。

ここで時代は下り、エイブラハム・リンカーンの時代の話になる。

米国第16代大統領エイブラハム・リンカーンは、実はドゥルーズだった。彼の本名はイブラヒム・カリル・カルーニである。

彼がドゥルーズであることは、リンカーンＤＮＡプロジェクトでの調査や、彼の母親ナンシー・ハンクスのＤＮＡのハプログループ（Haplogroup）からも確認されている。

つまり、私たちがリンカーン大統領として知る人物は、イエス・キリストの血を受け継いでいるのである。

イブラヒム・カリル・カルーニ、すなわちエイブラハム・リンカーンは、メアリー・トッドと結婚し、4人の息子をもうけた。

ロバート・トッド・リンカーン、エドワード・ベーカー・エディ・リンカーン、ウィリアム・ウォレス・リンカーン、そして末息子がトーマス・タッド・リンカーンである。

このうちの3人は死んでしまい、リンカーンは悲しみに暮れたと言われているが、実は彼らは死んでいなかった。死んだことになっている3人の息子たちは、密かにリビアのベンガジに送られた。彼らがベンガジに送られたのには理由があるのだ。

ウィリアム・ウォレス・リンカーン

エイブラハム・リンカーン

1855年、モサドとも呼ばれるアイシス（ISIS：イスラエルの秘密諜報機関）がつくられた。これは、ハサーン家として知られるモロッコとリビアの王たちによって設立されたのだが、彼らがこの諜報機関を設立したほんとうの理由は、イエス・キリストの血統を持つ者を皆殺しにすることだったのだ。

次に彼らは、イエス・キリストの血統であるドゥルーズは殺害するという内容の「モハマディ法」に署名した。

それから6年後、モサド／アイシスは、ロスチャイルド家、シフ家、ロックフェラー家、サーフ家、ブッシュ家、キッシンジャー家などからなるスカル・アンド・ボーンズと統合した。この時、英国王室も悪魔的なリビアのハサーン家に支配されるようになってしまった。

後にJFK暗殺を企てたのも、モサド／アイシスとスカル・アンド・ボーンズだ。

1307年10月13日の金曜日に起きた、フランス国王フィリップ4世によるテンプル騎士団員の虐殺および資産没収事件は、テンプル騎士団の大きな資産が目当てだっただけではない。裏には、ローマ教皇とその周囲のカバルたちによる、イエス・キリストの血統を抹消する目的があったのだ。闇の勢力は長きにわたり、イエス・キリストの血を絶えさせることに力を尽くしてきたのだ。

さて、リンカーンの話に戻ろう。

死を偽装しベンガジに送られたリンカーンの3人の息子の中に、ウィリアム・ウォレス・リンカーンがいた。ベンガジでは、彼はオマー・ムフターという新しい名前を与えられた。

オマー・ムフターは、リビアの人々のためにイタリアの植民地主義者たちと戦う自由の戦士となった。イタリアの植民地主義者たちはローマ帝国の延長だったのだ。彼らは、キリストの血統であるドゥルーズ一族を虐殺するためにリビアに人を送り込んでいた。

1980年の映画『砂漠のライオン』は、オマー・ムフターの伝記映画だ。名優アンソニー・クインがオマー・ムフターを演じている。

オマー・ムフターことウィリアム・ウォレス・リンカーンは、1931年に81歳で亡くなったが、生前、アルメニア人の女性と結婚し4人の子どもをもうけた。女の子はダイーダ、サイーダ、メアリーの3人、そして男の子が1人いたが、イエス・キリストの血を引くこの男の子は1942年に銃で撃たれて殺されてしまった。

三女のメアリーは、サイード・アイサ・カルーニ王子と結婚する。メアリーとサイード・アイサの間には、２人の息子がいた。

１９１５年7月25日に生まれたジョセフ・カルーニと、１９１７年5月29日に生まれたジョン・カルーニ。次男のジョン・カルーニこそが、私たちがジョン・Ｆ・ケネディ大統領として知っている人なのだ。つまり、ＪＦＫはリンカーン大統領の曾孫なのだ。

モハマディ法のもと、彼らには常に生命の危険がつきまとっていた。父アイサ・カルーニ王子は殺害されてしまった。この兄弟を守ることが急務とされ、ジョセフとジョンは米国に送られた。そして、著名なケネディ家の子どもたちとして育てられたのだ。

ジョン・カルーニ、つまりジョン・Ｆ・ケネディは、１９５３年にジャクリーン・ブービエとお見合い結婚をする。ゲマトリアから見ても、ジャクリーンがメアリー・マグダレンのオーダー・オブ・ザ・ブルーローズやエッセネ派、そしてジーザス・ストランドと深くつながりがあることが見てとれるのだ。

ジョンとジャクリーンの間に生まれた子どもたちについて話そう。

１９５６年に生まれた女の子のアラベラは死産だったとされているが、この女の子も生きている。翌年1957年にキャロラインが生まれ、1960年にはJFKジュニアが生まれた。

1963年に生まれたパトリックは、生後39時間でこの世を去ったとされているが、前述した通りパトリックは生きていて、裏舞台で大活躍している。

1962年に代理出産で生まれたファティマという姉がいることは、パトリックのXへの投稿で知られるところとなった。

彼らはみなドゥルーズであり、キリストの血を引いている。モハマディ法のもとで常に命を狙われてきたために、彼らは生まれた時から、その存在を隠すことを余儀なくされたのだ。

アラベラ、ファティマ、パトリックの3人はベンガジに送られ、リンカーン大統領の息子の一人であるエドワード・ベーカー・エディ・リンカーンの孫に育てられた。

ファティマの息子は2011年、モハマディ法のもとで殺害されてしまった。

ここで、JFKジュニアの話をしよう。

JFKジュニアは、父親のジョン・F・ケネディ同様に、人々から大いに慕われる魅力と磁力を持つ人だ。ジュニアが生きていることを信じ、みんなの前に姿を現す日を心待ちにしている人が、今はとても多い。
ジーザス・ストランドを紐解いていくと、ジュニアと彼のパートナーであるキャロリン、そしてキャロリンの妹の3人が、身を隠すために飛行機事故を演出したとしても、何ら不思議はないことがわかる。

JFKジュニアとキャロリンの間に、子どもはいないとされているが、果たしてそうなのだろうか?

実は、二人は結婚したとされている1996年よりも前に結婚していた。そして二人の間には複数の子どもがいる。代理母出産により3人の子どもが誕生したが、その代理母になったのが、JFKシニアの長女で、ベンガジに送られたアラベラだ。JFKジュニアとキャロリンの子どもたちは、長女のケイリー・マッケナニー。トランプが大統領の時にホワイトハウスの人気報道官だった女性だ。次に生まれたのが、長男のエズラ・コーエン・ワトニック。トランプの大統領任期が終了する頃、とても重要なスピーチをしていた男性だ。次男のジョシュ・ケネディ。彼はオーストラリアで活躍するラグビー選手である。

この他に3人子どもがいるということだが、名前は明かされていない。この3人の子どもたちは、2018年7月にオハイオ州ヤングスタウンで開催されたトランプ大統領のラリーに参加し、トランプ大統領の真後ろの聴衆の中にいたという。この時はトランプのラリーに現れる名物男、ヴィンセント・フスカに変装した父、JFKジュニアと、見ればそれとすぐにわかる母キャロリンも聴衆の中にいたので、ファミリーが集っていたということになる。

先述したパスカル・ナジャディを演じていると思われるJFKジュニアの弟、パトリック・ブービエ・ケネディはもちろんカルーニだが、オリジナルのパスカル・ナジャディもカルーニであり、ダイアナのパートナーである。

JFKの娘であるダイアナも、その母親であるグレース・ケリーも、すべてカルーニであり、イエシュアとメアリー・マグダレンの血統を今日まで受け継いでいるのだ。

(左から) ジャクリーン、モナコ大公、グレース・ケリー、JFK

ダイアナ・ケネディ・カルーニ

地球上で闇に打ち勝つために戦ってきているカルーニ一族は、想像以上にたくさんいることがだんだんわかってきている。

ジョージ・パットン将軍は、エイブラハム・リンカーンの孫だった。つまり、パットン将軍の息子と言われているドナルド・トランプ（トーマス・パットン）も、カルーニなのだ。

そして、ジョージ・パットン将軍には兄弟がいる。それがイタリアのムッソリーニだ。私たちはムッソリーニやヒトラーをこの世の悪魔だと信じるように仕向けられてきたが、それもまたカバルの巧妙なメディアによるマインドコントロールだったことが、少しずつ明かされ始めている。

ＪＦＫシニアの兄ジョセフ・ケネディは、第二次世界大戦で戦死したことになっているがちゃんと生きていた。そしてジョセフには息子がいた。それがマイケル・フリンである。つまり、ＪＦＫジュニアとマイケル・フリンは従兄弟同士なのだ。

ドナルド・トランプの叔父にあたるジョン・Ｇ・トランプもカルーニだ。それだけでなく、ニコラ・テスラ、ジュリアン・アサンジ、エルヴィス・プレスリー、フランスのマリー・ルペンも、すべてカルーニなのだ。

他にもまだたくさん裏舞台で活躍しているカルーニの人々がいるのだと思うが、よきタイミングで少しずつ明かされていくことだろう。

そして驚くべきことに、ロシアのウラジーミル・プーチン2・0もまた、カルーニなのだ。ちなみにロシアのオリガークだったプーチン1・0は、捕らえられ拘置所に入っていると言われている（＊オリガークとは、権力や富を独占し、その地位を利用して政治や経済に影響を与えることのできる少数の富裕層や支配層を指す）。

プーチンは、メラニアと同じロマノフ家の血統だということだ。

ロマノフ一家は、1918年にスターリンの命令により惨殺されてしまったが、彼らはカルーニだったのだ。ロマノフ家の人々は、死を前にして幽閉されている間に、生まれたばかりの赤ん坊を隠して外へ逃したことが伝えられている。そうやって血統をつないでいったのだ。

映画界や音楽界で活躍しているカルーニも多い。

たとえば、ジョージ・クルーニーの名字クルーニーは、カルーニから来ている。彼は、パスカル／パトリックの従兄弟にあたるという。

ジョージ・クルーニーがオバマと一緒にボートに乗ってペドファイルをやっていたらしき写真は、やはりカバルのしていることを私たちに見せて知らせるための芝居だったのだ。

「私たちはいつも仲間意識でつながり、グループとして動いているの」と発言するジュリア・ロバーツも、やはりカルーニだ。ジーザス・ストランドを理解していないとこの言葉の真意がわからないが、彼女が言う「私たち」とはカルーニのことなのだ。

映画『コンタクト』の主演女優ジョディ・フォスターや、『キル・ビル』に主演したユマ・サーマンもカルーニだという。

彼らは幼い時から光の担い手として役立つ人になるよう、愛を持って育てられ、常に仲間としてつながりながら役目を果たしている。

彼らはドゥルーズだと知られただけで、カバルから命を狙われてきた人たちだ。それにもかかわらず、これだけの情報が出てくるようになったということは、モハマディ法をつくった者たちを含め、闇の勢力による危険がついに去ったということではないだろうか。

17年前に映画『ダ・ヴィンチ・コード』を見た時、正直に言ってこの映画の意味するところがまったくわからなかった。だが、ジーザス・ストランドのことを知ってから再びこの映画を見てみると、その意味が痛いほどよくわかる。
ドゥルーズやカルーニ家の人々が、生まれた時から名前を変え、身を隠しながら、2000年以上の間命がけで血統を守ってきたことが、この映画の中で見事に表現されているではないか。トム・ハンクス演ずる博士がイェシュアの血統の女性を守り抜く姿は、まるでテンプル騎士団の勇敢な騎士の生まれ変わりのようだ。

カルーニの人々は、自分たちの命を守るために防衛戦争はするが、それ以外の目的で人を傷つけたり殺したりは決してしない。また、自らの固定観念や狭義を振りかざしてコモンセンス（良識）を失い、力で人々を支配したり傷つけたりすることを決してしないのだ。
ローマ帝国時代に捻じ曲げられ、隠蔽されてきたイェシュアとメアリー・マグダレンの真実が、この時代についに明かされようとしている。これは、世界最大級の衝撃のディスクロージャーとなるのではないだろうか。

これは、地球の話だけでは終わらない。
小文字のｇで始まる複数の gods、つまり神々たちと人間が崇めていた存在たちは、実は宇宙人やタイムトラベラーだったことが、少しずつ明かされてきているが、イェシュアとメアリー・マグダレンもまた、宇宙存在だったのだ。

トム・ケニオンの『アルクトゥルス人より地球人へ』（ナチュラルスピリット）には、イェシュアもメアリー・マグダレンも、アルクトゥルス人であることが書かれている。

また、トム・ケニオンがメアリー・マグダレンをチャネリングした『マグダラの書』という本がある。マグダレンが地球上で過ごした日々のことが綴られていて、彼女の気持ちがハートの奥深くに響いたことを記憶している。

かれらは地球上に愛と光、平和としあわせをもたらすために、苦労や難関を厭わずに人間としての人生を生きてくれた。悲しいことに、その努力はカバルたちによって捻じ曲げられ、２０００年もの間報われることがなかった。だが、今は違う。

イェシュアとメアリー・マグダレンがアルクトゥルス人だとすると、その血統であるケネディ家に引き継がれたカルーニの人々はアルクトゥルスのＤＮＡを持っていることになる。

ジョン・Ｆ・ケネディの息子パトリック・ブービエ・ケネディは、驚くべき情報をガンガン開示しているが、自分はプレアディアン／アルクトゥリアンでありタイムトラベラーだ、と明言しているのだ。

また、104歳まで地上で肉体を持ち、Qとしてホワイトハットを率いていたジョン・F・ケネディはイェシュアという存在そのもの、という話がある。これが真実だとすると、特にクリスチャンの人々にとっては最大の衝撃となるのではないだろうか。

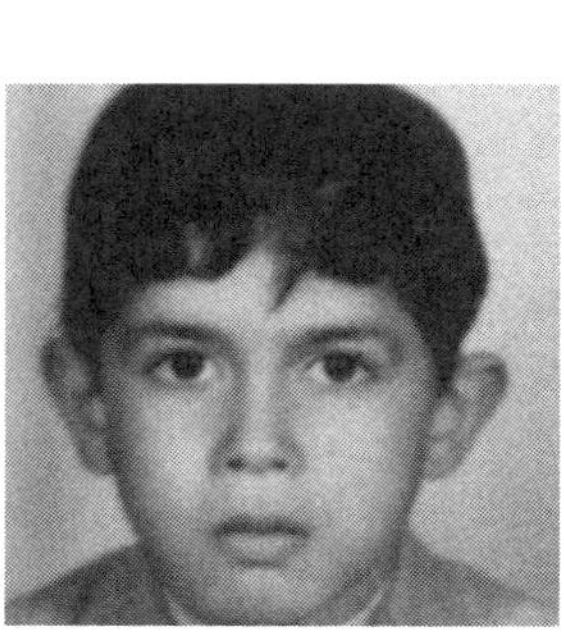
パトリック・ブービエ・ケネディ

20年近く前のこと、イェシュアが肉体を持って生きていること、そして彼はニューヨークで暮らしている、というスピリチュアルな噂話が流れていたことがあった。ドランヴァロ・メルキゼデクが、イェシュアもブッダも、この時代に地球上に肉体を持って生きていることを示唆する発言をしたこともある。彼らでさえも成長と進化の過程にあり、いま起きている地球のアセンション・プロセスを体験することは、スピリットにとって素晴らしいチャンスなのだ。
私たちは、なんとすごいタイミングで、ピンポイントで、このアセンションのタイムラ

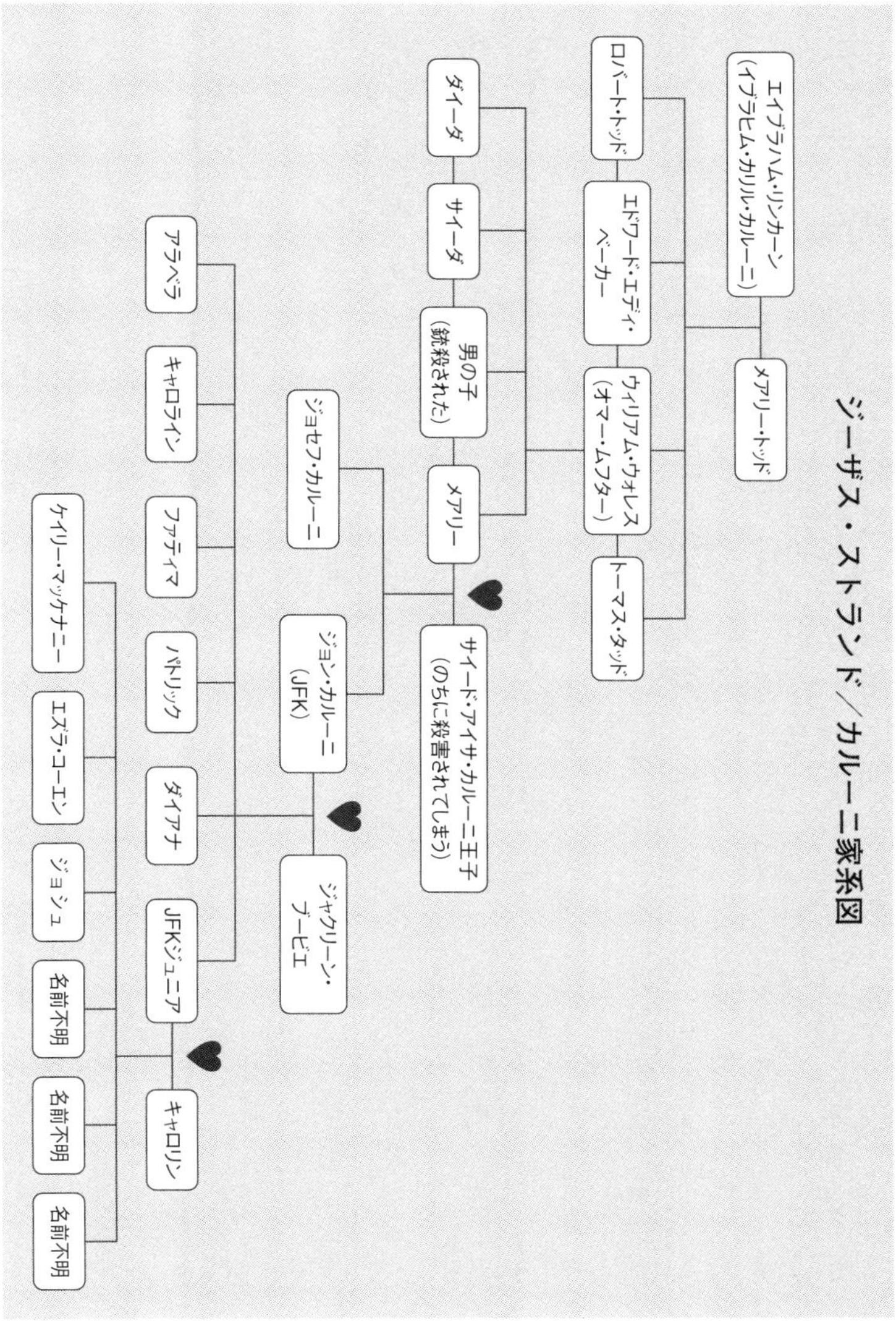
ジーザス・ストランド／カルーニ家系図
エイブラハム・リンカーン（イブラヒム・カリル・カルーニ）
メアリー・トッド
ロバート・トッド
エドワード・エディ・ベーカー
ウィリアム・ウォレス（オマー・ムフタール）
トーマス・タッド
ダイーダ
サイーダ
男の子（銃殺された）
メアリー
サイード・アイサ・カルーニ王子（のちに殺害されてしまう）
ジョセフ・カルーニ
ジョン・カルーニ（JFK）
ジャクリーン・ブービエ
アラベラ
キャロライン
ファティマ
パトリック
ダイアナ
JFKジュニア
キャロリン
ケイリー・マッケナニー
エズラ・コーエン
ジョシュ
名前不明
名前不明
名前不明

イン上にある地球に存在しているのだろう。これは、宇宙の創造主からの贈りもの以外の何ものでもない。それを想う時、もう感謝以外の感情が湧いてこなくなるのだ。

ＪＦＫ＝イエシュア説を含め、私たちの意識の周波数が上がって理解度が深まるにつれて、より深い真実への扉が一枚一枚開かれていくだろう。

ジーザス・ストランドを受け継ぐ人々であるドゥルーズ、その中でも特にカルーニの人々は、光として生き、常に光の方向へと人々を誘おうとしている。

それが彼らの自然なあり方なのだ。

闇に住む輩たちは、必死で彼らの光を消そうとしてきたが、もうその願望が叶うことは決してない。なぜなら、闇のタイムラインはすでに消滅しているからだ。

カバルの悪質なマネーシステムとネサラ

ビジネスマンのドナルド・トランプと背後にいるホワイトハット・ミリタリーが、金融カバルを突き崩しにかかっていた頃、米国の裏側ではもうひとつの動きが進行していた。

それが、米国で始まったネサラ（ＮＥＳＡＲＡ）だ。

ネサラ・ムーヴメントが起きる背景にあった米国の状況について、ジェームス・リンクが脚本を書き、ナレーションした「変化はすぐそこに〜黄金時代の夜明け」という動画から引用してみよう（＊ジェームス・リンクは、過去生で聖ジャーメインと深い関わりを持つ元スーパーソルジャーである）。

英国の植民地だった米国は、独立したあともロスチャイルドが入り込み、経済的な干渉が続いていた。そのために常に摩擦が起き、戦争が起きていた。

１８６１年から4年間続いた南北戦争は、米国に入り込んだカバルたちが内側から仕かけた戦争だった。南部も北部も、それぞれロスチャイルドの人間たちが操り、アメリカを分断しようとしていたのだ。ひとつの国を南部と北部に分断する……聞き覚えのあるやり方だ。

それを食い止めたリンカーン大統領は暗殺され、１９１３年には連邦準備銀行（ＦＥＤ）が発足し、自国の紙幣を印刷する能力を失った米国は、あれよという間に天文学的な負債を抱えることになる。

連邦準備銀行は非営利団体ということになっているが、会議は非公式に選出された役員たちで秘密裏におこなわれていた。

また、米国民が税金を納めている米国歳入庁（IRS）は、名前はいかにも国家機関のように見せかけているが、その本体は、法から逃れるためにプエルトリコに設置されているのだ。

『マネーを生みだす怪物――連邦準備制度という壮大な詐欺システム』の著者であるエドワード・グリフィンは「所得税の目的は国家歳入を増やすことではなく、カバルたちが富を自分たちだけで分配し、社会支配をするためにある」と言う。

米国民の血税は、1913年以来、米国政府に1ドルとて歳入されていない。すべてロスチャイルドがコントロールしている英国王室へ、そしてそこからバチカンへと流れている。


では、米国政府はどうやって運営されていたのか？

ひとつには、CAFR（キャファ）と呼ばれるマフィアが資産を隠蔽するテクニックをベースにした不正な方法だった（＊CAFR＝comprehensive annual financial report　包括的年次財務レポート）。

1946年、すでに企業となっていた米国政府はCAFRを採用し、国民の知らないところで収入を得るようになった。そしてそのうちに、マフィア以上に儲けるようになったのだ。

地方行政もこの方法に飛びついた。2005年の時点で15万件近くの独自CAFRによる事業形態があり、莫大な金額が動いていたという。

それにもかかわらず、国民が返済している政府の借金はなくならなかった。政府や各行政のどこかで、国民の血税や富が奪われていたのだ。彼らには、国民に見せる報告書の他に、絶対に見せられない多くの報告書がある。つまり、国民からはどこに誰がおカネを隠しているのか、わからないようになっているのだ。

2012年の時点で、70～80％の役人が知っていようといまいと、この不正行為に加担していた。それは、裁判所や行政、議会にも蔓延していたのだ。

裁判所は、真実を調べようとする「都合の悪い人間」を法をねじ曲げて逮捕することもできる。カバルの所有物であるメディアは、彼らに都合の悪いことは決して報道しない。

1933年、カバル銀行家たちに破産に迫られた際に、もう担保にできるものが何もなかった米国政府は、国民の労働力を担保にした。つまり、国民は国の持ちモノとなったのだ。その時から米国民は、出生時から国の所有物となり、出生証明書が売り買いされているのだ。その事実がわからないように、「あなたは自由ですよ」というプロパガンダと幻想をTVを通して毎日処方している。

1938年までには、国の法律であるコモンローは海事法へと置き換えられ、憲法自体が捻じ曲げられていった。1947年からはCIAをはじめとする多くの諜報機関が設立された。もはや米国は、独立憲章にある We the People の国（国民のための国）ではなくなってしまったのだ。

これは何も米国だけの話ではなく、ロスチャイルドの「中央銀行」が置かれた国はすべて、みな同様の目に遭ってきた。

だが、安心してほしい。これはもう過去のことになっている。米国はじめ世界各国の企業政府は破産し、今は次なる地球人類のための新しいシステムへの移行中だからだ。

そして、ここに至るまでには、米国におけるネサラの長い道のりがあった。

農家の申し立てプログラム

１９７８年、コロラド州のある農夫が連邦不動産銀行でローンを組み、土地を購入した。彼の死後、息子で軍の大将であるロイ・スワシンジャー・ジュニア（Roy Schwasinger Jr.）が相続することになった。

だが、銀行員が彼の前に現れ、土地は銀行が没収するので30日以内に立ち退くようにと言う。本人が死亡した場合、土地は銀行のものになるという契約内容を知らされずに、父親はだまされてローンを組んでしまっていたのだ。

激怒したロイはデンヴァー裁判所に提訴したが、棄却されてしまう。だが、これがきっかけとなって、ロイは銀行制度全体に対する本格的な調査を始めた。

１９８２年には、この契約書を議会に提出し、最高裁まで戦ったが、ＮＤＡ（秘密保持誓約）のためにメディアにこのことを話すことが許されなかった。

１９８０年代後半になって、彼はこの問題を人々と共有するようになっていった。ロイが共有した人の中には、米国政府自体の提訴を提案するミリタリーの高官もいた。

そうするうちに、銀行に苦しめられ、弁護士にも相談を聞いてもらえずにいた農家の人々が集まりだし、ロイの話を聞くようになっていった。23の農家が集結し、提訴して戦い続けた。いろいろ調べていくうちに、銀行が借主に法外な金利を課していること、担保の土地を農家から不正に取り上げ、支払われた貸付金を盗んでいることなどが、どんどん明らかになっていった。

裁判にはお金がかかる。費用が払えなくなると、農家は弁護士なしでも戦い続けたのだ。時には農業組合が援助して裁判を起こしたこともあった。

だが、裁判に勝訴しても銀行がお金を支払わず、農家をやめるしかない人々もいた。

そこで農家のチームは、銀行が法律違反をしている部分を見つけ、そこを突くことで容易に勝訴できる別の戦略を見つけた。農家の人々はお互いに助け合い、情報を交換し共有して、裁判を起こして勝訴するための具体的な方法を教え合ったのだ。

この頃、カントリー歌手のウィリー・ネルソンや他のアーティストたちがこの農家のムーヴメントに加わり、農家をサポートするためのコンサートを開催していた。

また、この頃から農家独自のクレジット・システムも作り出されていった。

どんどん成長し、大きくなっていく「農家申し立てプログラム」の動きに逆襲しようと、政府は農家に高い税金を課したり、農家の弁護団に無罪の罪を被せて逮捕したりしていた。だが、このプログラムを背後から支え、憲法であるコモンローが実行されるべく見張っていたのは、ミリタリーの高い地位にいる人々だったのだ。

「農家申し立てプログラム」は、もはや農家のローン問題だけにはとどまらず、住宅ローンの問題にも及び、銀行の不正行為や詐欺行為がどんどん明らかになっていった。そして最後には、連邦準備銀行自体が不正であり詐欺であることに行き着いた。これは金融カバルのみならず、政府や裁判所をもすべて巻き込む、カバルにとって一大事だった。

この事態を隠蔽すべく、裁判所は裁判が終了するたびに裁判内容を削除していた。だが、ロイ・スワシンジャーはそれを最高裁に訴え、その訴えが認められたため、現在ではいくつかを除き、裁判内容を閲覧することができる。

最終的に最高裁は、農家の人々の訴えがまったく正当であるという採決を下した。

この「農家申し立てプログラム」が基盤となって創られていったのが、ネサラ法

（NESARA Law）だ。

ネサラ・ジェサラの名称と3つの柱

ネサラ（NESARA）、ジェサラ（GESARA）のフルの正式名称に関しては、さまざまな説がある。

ネサラ施行をどうにかして防ぎたかったカバルたちが、CIAを使ってネサラに関する偽情報や誤情報を必死にインターネット上に流しまくったことや、厳しい箝口令《かんこうれい》がいまだに敷かれていることなどが、主なる混乱の原因だと思われるが、私が参考にさせてもらった動画『変化はすぐそこに～黄金時代の夜明け』の制作者ジェームス・リンクによると、

ネサラの正式名称は、

National Economic Security And Reformation Act（国家経済の安全および改革法）

ジェサラは、

Global Economic Security And Reformation Act（世界経済の安全および改革法）

であるとしている。

また、ジェームス・リンクは、
①金や銀などの資産に裏付けされた、合法貨幣による経済
②海事法から、おおもとの憲法であるコモンローに立ち返る
③所得税を不法にかき集めている歳入庁（ＩＲＳ）を解体する
これらをネサラ・ジェサラ法の３つの柱として掲げている。

ひとつひとつを簡単に説明してみよう。

①金や銀などの資産に裏付けされた、合法貨幣による経済
ネサラを施行することによって、インフレを防ぎ健全な社会流通システムをつくることが可能になる。

↓２０２４年の現在、世界はまさに経済システムの移行の真最中だ。ＢＲＩＣＳ諸国は一足先に新しい経済システムをスタートさせている。

問題が片付いて行くにつれて、西欧諸国や日本も、ＱＦＳをベースとした合法通貨での経済へと切り替わって行く。

世界の通貨の再評価（ＲＶと呼ばれる）がなされ、すべての通貨が１：１になる。

つまり、1ドル＝1円＝1元＝1ポンド、という具合だ。欧州ではユーロはなくなり、それぞれの国の通貨に戻ると言われている。

②海事法から、おおもとの憲法であるコモンローに立ち返る
人類を奴隷として支配し、腐敗した政治家たちを守ってきた海事法が不適用となる。

↓世界各国も、米国のコモンローを基本とした憲法を立ち上げ、それぞれ共和国になる。

③所得税を不法にかき集めている歳入庁（ＩＲＳ）を解体する
国内消費税のための新しい行政機関を創設する。

↓すでに米国の歳入庁は解体されている！　米国だけでなく、世界各国の税取立て機関は、米国に右ならえになっていると思われる。

世界の多くの国々が、新しい行政機関へと切り替えるタイミングを今か今かと待ち構えているのだ。


カバルは、米国のみならず世界中の人々を同様のやり口で縛りつけてきたが、米国で始まったネサラが解毒剤のような役目を果たし、ジェサラとなって世界各国に適用される。

「見えないところで、すべての準備は万端にできている」と、QFSインサイダーのチャーリー・ワードは以前から何度も明言している。

ネサラへの道

人々が不正に対して立ち上がり、自分たちで調べ、考え、共有していった情熱と知識は、米国内で激しいエネルギーとなり、静かに広がっていった。

銀行だけではなく、歳入庁や連邦準備制度自体が違法であることが明らかになるにつれて、心ある資本家や政治家、先見の明を持つ人々、ミリタリーの将官たちなどが密かにこの動きを支持し、協力していったのだ。

元CIAの役人だったある人物は、証拠を揃えて提出することで、農家の訴えが正当であることを証明してみせ、この動きを支えた。

とはいえ、国を相手取って訴えを起こした人々は、箝口令が敷かれているために、メディアを通してこの情報を広めることができないでいた。

そのために、米国人でさえもネサラについて知らない人がほとんどなのだ。現時点でも、SNSやブログ、プライベート動画チャンネルなどで語られることはあっても、メディアでは全く語られていない。

金融カバルや当時の大統領を含む政界カバルたちと、ネサラを推進しようとする人々の間では、激しい攻防が続いていた。

1991年、ロイ・スワシンジャーは市民委員会に銀行と政府の犯罪活動を訴え、企業アメリカ政府がいかにNWO（ニューワールドオーダー）と結びついているかを説明した。NWOは、国際銀行家たちが支配する世界統一政府を樹立することを目論んでいたのだ。

それを受け1992年、憲法を強く支持する300人の退役軍人と35名の現役軍人からなる特別部隊が設けられた。彼らは政府役人や議員、判事、FED（連邦準備銀行）を調査する責務を担ったのだ。

ショッキングなことに、調査の結果、賄賂や財物強要などの行為をしていない議員は、535名中2名だけだった。（調査対象の中には、当時議員だったバイデンもいた）。

さらにもっとショッキングなのは、連邦準備銀行だった。今まで会計監査に踏み込まれたこともなく、立ち入り調査をするためにミリタリーが銃口を向ける必要さえあったのだ。調査の結果、ＦＥＤはなんと８００兆ドルものお金を隠し持っていることが発見された。

この頃から、ホワイトハット・ミリタリーとカバルの間の緊張関係が一挙に高まっていったことは、容易に想像できる。

ＮＷＯを推し進めようとするブッシュ・シニア大統領とミリタリーの攻防、クリントン政権によるネサラの草の根運動へのハラスメントなどが続いた。

ロイ・スワシンジャー自身も逮捕された。投獄される人だけでなく、殺されてクローンに入れ替えられ、そのクローンがおとりに使われた人々もいたのだ。

最高裁により、ネサラ法に関する非常に厳しい箝口令が敷かれ、ＣＩＡは議員や政治家たち、大手メディア会社、軍の参謀本部、大統領に至るまで、口止めをするべく巨額の賄賂をばらまいていた。同時に、ネサラに関する山ほどの偽情報、誤情報、否定論などがインターネットに流された。これはまさにＣＩＡの得意技だと言える。

ネサラ法は、カバルの息の根を止める最大の武器なのだ。だからこそ彼らは、ヒステリックなまでにネサラ法をなきものにしようとしていた。

ネサラが米国議会によって批准されたのは2000年3月9日のことだ。

その夜、陸軍の特殊部隊デルタフォースおよび海軍の特殊部隊ネイビーシールズにエスコートされたネサラ文書が、担当する上院下院15名の議員の待つ投票室へと運ばれた。ようやくそこで、批准に至ったという。

だが、クリントン大統領は、当然だがネサラを法律化することに何の興味も示さなかった。そこで同年10月10日、ホワイトハウスの執務室にいたクリントン大統領にデルタフォースとネイビーシールズが詰め寄り、ネサラ文書に署名させたと言われている。

この頃、事の成り行きをモニターするべく、最高裁の呼びかけにより、世界中の経済、金融、銀行、立憲政府や法律などの何千人もの専門家から成るグループが形成された。それが「ホワイトナイツ」と呼ばれる人々である。

ネサラが法として成立してから18ヶ月後の2001年9月9日、多々の折衝の末に最高裁によって承認され、ようやく議会を通過する運びになった。

ところが、翌日の9月10日、大統領である息子ブッシュに指示を出すために父親ブッシュがホワイトハウスにやって来た。その翌日の9月11日午前10時に、アラン・グリーンスパンが新しい米国財務システムを発表し、ネサラ法の第一歩として、新しい財務銀行システムの導入、全米国民の負債がゼロになること、国税庁の廃止が公式にアナウンスされることになっていた。

その直前、9・11事件が起きたのだ。

ワールドトレードセンター1階と2階の国際銀行業務コンピューターシステム、新しい財務システムを起動する北棟が爆破された。飛行機ではなくミサイルが撃ち込まれたらしきペンタゴンの一角は、ホワイトナイツの部署と、ネサラ活動のための海軍司令部がある場所だった。

ブッシュ・シニアとその一味は、9・11事件を引き起こし、それからすぐにアフガニスタンに侵攻して、そちらに人々の目を向けさせたのだ。

多くの命が奪われ、人々は嘆き、悲しみ、苦しんだ。

だが、それでもネサラはどこかに行ってしまったりはしない。

それどころか、米国の一農家から始まったこの炎は、今やジェサラとなって世界中に広がり、地球全体を熱く燃え上がらせている。その炎の中から輝く不死鳥のように、新しい世界経済システムが立ち上がってくるところだ。

金融カバルたちや見えないところで犯罪行為をやっていたカバルの親玉たちは、すでに地球から去っている。その下で稼働してきたシステムや人々が、じわじわと確実に追い詰められている。

銀行のビジネスのやり方にモラルと制限を設けるバーゼル委員会によってバーゼル1、2、3が設定され、現在ではよりハードルの高いバーゼル4の実行が迫られている。

同時に、銀行にはＩＳＯ－２００２２というデータ通信フォーマットが課され、もはや裏で好き勝手に資金移動をすることは不可能になる。

銀行はクリーンになるか、それとも消滅するかの二者択一をはっきりと迫られているのだ。

ネサラが世界にもたらす変化として一番私たちにとってわかりやすいことは、所得税がなくなること、クレジットカード、ローンなどの銀行への負債がなくなることだろう。

世界中の通貨が資産に裏付けられ、すべての通貨が１：１となり、決してごまかしのきかないＤＬＴ（ブロックチェーンより何倍も高速のデジタル台帳テクノロジー）を使った

QFSシステム（量子ファイナンシャル・システム）へと移行する。

そして大切なことは、世界の国々が共和国となり、それぞれリーダーを立てて議会を設立し、自立した上で世界とつながっていくことだろう。これもネサラ法の指針に入っている項目だ。それが実現して初めて、地球人類は銀河の兄弟姉妹として宇宙への扉が開かれていくことが可能になるのだ。

2012年時点でのネサラの指針19項目を見てみよう。

このネサラの指針に基づき、世界各国でジェサラが施行されることになっている。

ネサラの指針 19項目

(1) クレジットカード、住宅ローンなどすべての銀行ローンをゼロにする

(2) 所得税の廃止

(3) 歳入庁（IRS）の廃止

(4) 必須品ではない新品にのみ14％の消費税をかけ、税は政府に歳入される

＊食品や薬、中古品などには税金が課せられない。パーセンテージは変更される可能性あり。

(5) シニア市民へ援助と便益を増やす

(6) すべての裁判所および法的な事柄には、合衆国憲法が適用される

(7) 貴族称号改正法を復活させる

〈内容〉合衆国の市民が、貴族または名誉の称号を受諾し、主張し、受領し、もしくは保持する場合、または議会の同意なしに、皇帝、国王、王子または外国の権力から、いかなる種類の贈与、年金、役職または賞金を受諾し、保持する場合、その者は合衆国の市民でなくなり、合衆国の下で、または合衆国のいずれかの下で信頼または利益の役職に就くことができなくなる。

(8) NESARAの布告から120日以内に、新しい大統領の任期と議会選挙が設立される

(9) 選挙を監視し、自分たちの利益を狙った不正選挙行為を防ぐ

(10) 金、銀、プラチナに裏付けされた、アメリカ国庫の新しい通貨、レインボー通過を発行する

(11) 出生証明書の売買の禁止

(12) 憲法に則った国内銀行システムの導入

(13) FEDの排除

＊移行期の1年間、財務省とともに機能することが許される。

(14) 経済に関するプライバシーの復活

⒂全裁判官および判事、弁護士への憲法の再教育

⒃米国政府による、世界における侵略的軍事行動の廃止

⒄全世界に平和を確立する

⒅人道的目的のための巨額の富を開放する

⒆隠蔽されてきたテクノロジー開放を可能にする

＊フリーエネルギー・デバイス、反重力、ソニック・ヒーリング・マシーンなどが含まれる。

ジェームス・リンク動画「変化はすぐそこに〜黄金時代の夜明け」https://youtu.be/RpAccwLo9Ig?si=x4g3NEENr37T02-f　から抜粋。

こうやって見てみると、ドナルド・トランプとネサラ・ジェサラの歩みは、ぴったりとシンクロしている。

トランプが大統領になった頃、「Drain the Swamp（カバルの泥沼を一掃する、泥沼の水を抜く、の意）」という言葉を頻繁に使っていたが、これはハーヴィー・F・バーナードが書いた『Draining the Swamp: The NESARA Story（沼地の水を抜く：ネサラ・ストーリー）』という本のタイトルから来ている。

トランプは、ネサラという言葉を使わずに、わかる人にはわかるように暗号を送っていたのだ。

また、世界の通貨の再評価が実行され、金銀等の資産に裏付けされた全世界の通貨を1：1にすることをＲＶ（revaluation）と呼ぶのだが、トランプはスピーチの途中で、突然「ＲＶ車」の話を始めたりして、私たちにサインを送っていた。

ネサラはまさにリンカーンとＪＦＫがやろうとしていたことであり、ホワイトハット／Ｑチームの悲願であり、人類の夢だ。

その夢が、私たちが生きているこのタイムラインで現実になろうとしている。

聖ジャーメインが見た夢

〝人類が自由に、みずからの意思と責任で、平和に幸福に暮らせる大地〟

最初にこの夢を見たのは、聖ジャーメインだった。

聖ジャーメインがアセンデッドマスターになる前、フランシス・ベーコンだった時に、彼が思い描いた「ニュー・アトランティス」とは、アメリカ大陸のことだ。

ベーコンは、人々が自由と平和に満ちた世界を実現する大地として、アメリカ大陸にその焦点を合わせていた。

修行の末に次元上昇を果たしアセンデッドマスターとなってからも、彼の情熱は止むことがなかった。ほ

聖ジャーメイン

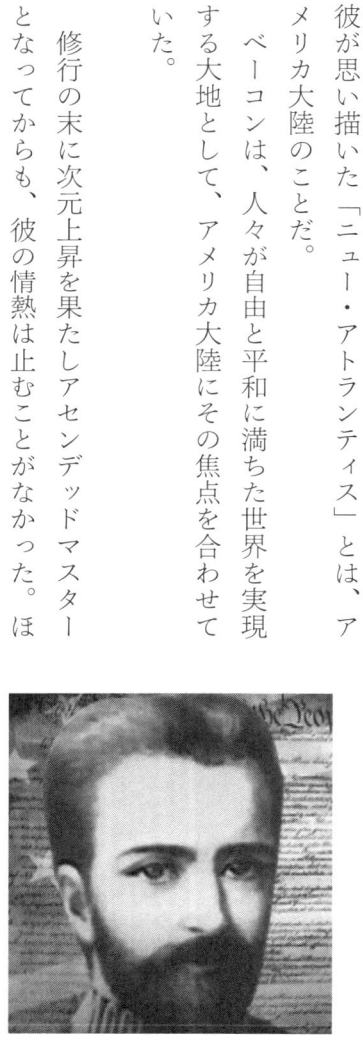

とんどのアセンデッドマスターはアセンションすると同時に高次元へと上昇し、3次元には戻って来ない。ドランヴァロ・メルキゼデクによると、アセンデッドマスターは800人強いるのだが、3次元と高次元の間を行ったり来たりできるアセンデッドマスターは十数人しかいないそうだ。

聖ジャーメインは、次元間を移動できる数少ないアセンデッドマスターの一人であり、彼は地球人類が黄金時代を迎えるまでの道のりを一緒に歩く選択をしてくれたのだ。以前、ドランヴァロがワークショップの中で「彼（聖ジャーメイン）は、やると言っている」と発言していたのが強く印象に残っている。

1776年7月4日、まだ英国の植民地だったアメリカのリーダーたちが、インディペンデンス・ホールに集まっていた。

彼らは、独立宣言書に署名するべきかどうかを真剣に協議していたのだ。署名をすれば英国との戦争は免れず、負ければ自分たちが極刑に処されることになる。

その時、部屋の扉には鍵がかけられていたのにもかかわらず、聖ジャーメインがバルコニーに現れ、独立宣言書に署名するよう、彼らを強く説得した。

「独立宣言の言葉は、これから末長く世界に鳴り響き続けます。どうか命をかけて、希望を持って、署名してください。男として、夫として、父として兄弟として、署名してください。

自分たちのためだけではなく、すべての世代のために！

署名されたその羊皮紙は、自由の本、永遠の人類のバイブルとなります。

どうか署名してください！」


聖ジャーメインの情熱的な言葉を受けて、建国の父たちは宣言書に走り寄り、こぞって署名したのだ。


これが、「アメリカ・ファースト」の意味なのだと私は思っている。

人類が目覚め、自由を取り戻すことは、どうしても米国から始まる必要があるのだ。

コモンローと呼ばれる米国の基本憲法は、世界の国々の憲法の規範となるのだ。

人々に分配されることになっている富は、聖ジャーメインがつくったトラストがもとになっている。

1729年、聖ジャーメインは錬金術によって造った金（ゴールド）をもとに「ワールドトラスト」を設立し、2000年までにこのトラストを人々に開放するという規定を定めた。その富は、中世からずっと複利計算で増え続け、想像をはるかに超えた気が遠くなるほど巨額なものになっているという。もう3次元には収まり切らず、一部は4次元プレーンに保管されているとのことだ。

だが、実際にトラストを開放していくことは、そう簡単なことではない。人々は、まだそれを受け取る準備ができていなかった。富だけではなく、人類がアクエリアス（水瓶座）の智識とテクノロジーを享受するためには、まず有害な偽の科学やマインドを支配してきた宗教を捨てて、自分のハートを受け入れる必要があるのだ。

自分のハートを受け入れるとは、自分のハートの中に入り、そこにある無限の潜在力を生かすことだ。少しずつ、ひとりずつ、私たちは自分のハートに目覚め出し、ようやく人類はその準備ができて来つつある。

ネサラ・ジェサラの概念が人々の意識に根づいていくにつれ、カバルたちは経済的にどんどん追い込まれていった。

彼らは聖ジャーメイン・トラストの富を人々に分配させまいと、聖ジャーメインとつながっている管財人たちを脅迫し、あの手この手でトラストから盗もうとしていた。ブッシュ・シニアもだが、私的にも多大な借金を抱えていたオバマは特にひどかったという。だが、もうその時代は過ぎ去った。トップにいたこのような犯罪人たちはすでにいない。

現在は、カバル下層の掃討作戦がおこなわれており、この戦争の最終段階に入っている。


ひとたび私たちの意識が「自分ははじめから豊かである」ことを受け入れ、実際にトラストが開放されて「おカネを稼がなくてはならない」「おカネがないと大変なことになる」という観念を手放すと、次第に人類はおカネに興味を失っていくだろう。

マイケル・テリンジャーが彼の名著『ウブントゥ』（ヒカルランド）の中で言及している「マネーのない世界」を築くことが可能になり、本当に自分がしたいことを仕事にするようになる。働くことが、この上ない喜びとなる。

いまだにマネーシステムを使っている惑星は、銀河や宇宙のスケールから見るとレベルがかなり低い惑星だ、という話を聞いたことがある。さもありなん、である。

いま起きている変化の大波が、世代を超えて地球人類をおカネの必要がない世界まで運んでくれることを私は深く信頼している。

フリーメーソンは聖ジャーメインがつくった

フリーメーソンはもともと、巨大なカテドラルやヨーロッパの城を建てる技術の秘伝を継承していく集団だった。

のちにアセンションして聖ジャーメインとなったフランシス・ベーコンは、１６００年代のはじめに、ジェームス英国王からフリーメーソンの改革刷新の役目を仰せつかる。ベーコンはフリーメーソンを中世の石工たちのギルドから、兄弟愛に溢れる哲学者や思索家たちの集団へと改革することを追求した。

当時の教会がつくった世界は、宗教的、政治的な闘争に満ちていた。それに対し、ベーコンは神が創造するが如くに世界を創造する集団、兄弟愛、貧困からの解放、真実の追求を実践する集団を目指したのだ。

ベーコンはジェームス王を説得し、アメリカ大陸の探索へと踏み出す。それは、フリーメーソンが開祖の父となる自由の国を築くための土地を求める旅だった。ベーコンの未完の著書『ニュー・アトランティス』は、彼が夢見た自由の土地、人々のユートピアを描いた小説だ。

科学が無知や迷信を凌駕する国。

支配者や独裁者は存在せず、科学を知る博識な人々からなる協議会によって運営される国。科学と論理を重んじるフリーメーソンのもと、平和と自由が満ち溢れる世界。

つまり、中世の迷妄から抜け出し、人々が平和と自由を謳歌するために、フリーメーソンたちはアメリカ大陸に渡ったのだ。

だが、ディスクロージャー・ムーヴメントが始まってからというもの、多くの人はフリーメーソンを悪魔の集団だと思っている。何を隠そう、私自身フリーメーソンは悪の手管により闇の世界に堕ちてしまったのだと思っていた。

確かにある時期、秘密のソサエティであったフリーメーソンに悪の一味が侵入したことは本当のことだ。

ロスチャイルドのスパイだったアダム・ワイズホフがフリーメーソンに侵入し、イニシエーションを「光明に達するためには、究極の存在であるルシファーを崇拝しなければならない」というタルムードの悪の教えに書き換え始めたのだ。ロスチャイルドの一味は自分たちのことをイルミナティと呼び、フリーメーソンを内側から分裂させようとしていた。ロスチャイルドの目的は、イルミナティおよびフリーメーソンを使って人類を破壊し、地球を支配することだった。彼らは人々からすべての金（ゴールド）を盗み、エルサレムのソロモン王の寺院に運び込もうとしていた。これが、ロスチャイルドがイスラエルの建国に出資したおおもとの理由なのだ。

彼らの考えは、聖ジャーメインの創設したフリーメーソンとは真逆だ。聖ジャーメインのめざすところは、一人ひとりの内側にある神聖な部分が、小さなグループの中で、一人、また一人へと広がり、そのスピリチュアルな輝きが螺旋となって全人類に広がっていくことなのだ。

フリーメーソンの内部で、闇が広がっていくことに対抗する光側の人々が常に存在していたものの、1782年のウィルヘルムズバッド会議にて投票がおこなわれ、フリーメーソン・ロッジはイルミナティと統合することを決議した。

こうやって、今日の悪名高きフリーメーソンが誕生したのだ。

同じ頃、イエズス会が聖ジャーメインを陥れて汚名を着せたため、聖ジャーメインはフリーメーソンから姿を消した。その後イルミナティは、聖ジャーメインのしるしや形跡をひとつずつフリーメーソンから消去していった。現在残っているものといえば、上下に重なったコンパスの中に見出せる「G」の文字（聖ジャーメインGermainの頭文字）くらいなものだ。

フリーメーソンが代々伝えてきた宇宙の学問、知識や秘儀などは、使う人の意図次第で善にも悪にも、光にも闇にもなる。

ロスチャイルドが裏で糸を引くイルミナティは、フリーメーソンの叡智を都合よく書き換え、すべてをダークな目的のために使ってきた。

とはいえ、今日でもフリーメーソンのすべてが闇になってしまったわけではない。それとはわからないように、決して悪には染まらない光のメーソンたちがたくさん存在している。

みずから進んで悪役を引き受けるハリウッドの映画人や音楽アーティストたちの多くはメーソンだよ、とチャーリー・フリークは言っている。

太陽がアセンションの引き金を引く

「地球と太陽はいま、ディープタントラの中にある」と、ドランヴァロ・メルキゼデクは言う。

太陽から送られてくる愛を地球が「yes」と言って受け入れる時、その聖なるタイミングでアセンションと私たちが呼んでいるイベントが起きる。その瞬間、地球や私たちの持っているマカバのかたちも、ＤＮＡもすべて変化すると言うのだ。

世界の地質学者たちは、かなり以前から地球のポールシフトが近いことを警告してきたが、彼らが会議を開くたびに米政府が介入し、途中で会議を中止させていた。自分たちがコントロールできないことを恐れるあまり「その話はするな、誰にも言うな」と言わんばかりだったのだ。

闇の政府はありとあらゆる天体現象、太陽フレア、ポールシフト、隕石の落下などを非常に恐れ、地下に巨大な避難所をつくって膨大な備蓄をしてきたが、ドランヴァロは「そんなものが、これから起きることに役に立つと思っているんだ」と言う。

地球が次元上昇、つまりアセンションする時には、物質的なものはほとんどまったく役に立たない。

論理的、男性的な考えで対処しようとしても太刀打ちできないのだ。このアセンションプロセスは、感覚的、女性的な側面を多く含んでいる。

いま起きているディスクロージャー・ムーヴメントは、アセンションに至るために避けては通れない現象のひとつだと、私は見ている。

真実を知らずして、つまり目覚めないまま、アセンションすることは不可能だからだ。虚構のマトリックスはどこまでも深く、真実を掘り出していくのは骨の折れる作業だが、少なくとも真実を知ろうとする気持ちと行動が、現時点では必須だ。自分の中に浮かんでくる疑問から目を背けてしまうと、マインドに深く埋め込まれた虚構のマトリックスの中で、たやすく眠りに落ちてしまう。

スペースフォースのコマンダーであるパスカル・ナジャディは、太陽もまたフェイクニユースだと言う。

今となっては、二つの目で見る太陽がほんとうの太陽なのか、そうでないのか。正直に言って見分けがつかない。私が子どもだった頃見ていた太陽は、もっとオレンジ色や黄色っぽかった。ここ十数年のうちにどんどん白色になり、輝きが増して、今ではもはや一秒も直視できないほどの眩しさになっている。

いつの頃からか、太陽が登ってくる位置が毎日微妙に、ときに大胆に変化していることを感じているが、それが地球のゆらぎによるものか、人工的なものかも確信が持てずにいる。だが、ここのところ太陽の光を人工的に感じることが多いのは確かだ。

パスカル・ナジャディはフラットアースについても言及しているが、リサーチと個人的な感覚からいくと、それはあり得ることだと思う。私たちは、この惑星の球体全体に住んでいるわけではなく、その一部をアース（地球）と呼び、上にはファーマメント（天空）が作られているのではないだろうか。

南極と呼ばれているのは大陸ではなく、私たちの居住区域の周りに張り巡らされた氷の壁で、その向こうには私たちが知らない、または忘れてしまった世界が広がっている、という考え方も、次第に広がってきている。

南極の氷の壁の向こう側に行った体験を綴った本があり、ディスクロージャー・コミュニティで話題になった。『The Navigator Who Crossed the Ice Walls～Worlds Beyond the Antarctica（氷の壁を越えたナビゲーター～南極の向こうの世界）』という本である。

また、国連のロゴマークは、まさに惑星の一部のみが地球であることを表しているように見える。

氷の壁を越えたナビゲーター～南極の向こうの世界

それでも、私の中では地球も太陽も存在していることに変わりはない。

母なる地球、父なる太陽、その子である自分、という愛の三位一体のバイブレーションがスピリットにとって必要不可欠であることが、なぜか自分の内側でわかるからだ。

アセンションのゲートを通過するために必要なものは、実はとてもシンプルだ。

子どものように純粋で素直であればいいのだ。

だが、カバルの作った虚構の世界に生まれ落ち、そこで頭ばかり使うように育てられた私たちにとっては、これが意外に難しかったりする。

いつの間にか育ててしまったプライドやエゴが、幼な子のようになることに抵抗する。プライドやエゴは、マインドの産物だ。マインドとは脳の周囲にあるエネルギーフィールドのことであり、私たちの意識がマインドにあるのをいいことに、カバルはマインドコントロールを使ってきたのだ。


しかし、意識がマインドになければ、マインドコントロールのしようがない。

それには、意識をもとあった場所、ハートに戻せばいい。

ハートの中には、幼な子の自分がいつも存在している。

その子は、自分と宇宙が離れがたくつながっていることをちゃんと知っている。だから何も怖れていないし、起きてくるすべてのことに好奇心を抱き、驚きと感嘆を持って受け止める。

この子とつながり、この子そのものになればいいのだ。


まずは、脳の中で論理的に理解しようとすることを一旦お休みするといい。

ただ呼吸して、自分の呼吸の音や色を感じてみる。

それから、からだの内側の声と感情を感じてみる。

そうしていると、あなたとあなたの周囲のものすべてが生きていることを感じるようになっていく。

それは、ドキドキ、ワクワクする楽しい体験だ。

その時、あなたは本来のスピリット、幼な子のあなたになっている。

〈画像引用元〉
ジーザス・ストランド　ランブル動画パート1
https://rumble.com/vre77w-the-jesus-strand-part-1.html
ジーザス・ストランド　ランブル動画パート2
https://rumble.com/vre790-the-jesus-strand-part-2.html
ジェームス・リンク「変化は近い～黄金時代（ゴールデンエイジ）の夜明け」
https://youtu.be/RpAccwLo9Ig?si=x4g3NEENr37T02-f

スーパー・ソルジャー・トーク（ジェームス・リンク）　ランブル動画チャンネル
https://rumble.com/user/supersoldiertalk

マイケル・テリンジャー著　「ウブントゥ」
https://amzn.to/3MbRfQy

「The Navigator Who Crossed the Ice Walls～Worlds Beyond the Antarctica（氷の壁を越えたナビゲーター～南極の向こうの世界）」
https://www.amazon.com/NAVIGATOR-WHO-CROSSED-ICE-WALLS-ebook/dp/B0D31B5KZP

第五章

日本という奥宮に隠されている大切なこと

——日本人はハートで闘う戦士だった!?

新しい世界における日本の役どころ——ＹＥＮ（日本円）が東と西を結ぶ！

いま起きている地球最終戦争は、アメリカから始まらなくてはならなかった。だが、世界のあらゆる国や地域に住む人々には、それぞれの役割がある。私たち日本人の役割は何なのだろうか？

ここ10年近くの間、米国の情報を中心にディスクロージャーの動きを追ってきたが、こと日本に関しては、正直恥ずかしくなるくらい、よくわかっていない。海外のインサイダーたちが語った日本に関する情報があるので、ここではそれを紹介してみよう。

２０１９年４月15日の夕方、ノートルダム大聖堂の火災が起きたが、ジーン・ディコードによると、これは実はホワイトハットによるものだった。

カバルはこの火災の翌日、黒魔術の儀式をおこない、日中の人出が多い時間帯に大聖堂を燃やして大災害を起こそうとしていた。それをいち早く日本のホワイトハット（サイキック部隊?）がキャッチして知らせたおかげで、ホワイトハットが事前に動き大災害になるのを防ぐことができたという。

必ず日本にもホワイトハットが存在し、見えないところで活躍していることを信頼しているものの、私のセンサーには引っかかってこないので、こういう話を聞くとやっぱりうれしくなる。

新しい経済システムへの移行に際し、日本が大きな役割を持つであろうことが、ここのところずいぶん言われるようになってきた。

ロシア、中国、インド、ブラジル、南アフリカ共和国の五ヶ国で始まったBRICSは、参加する国が続々と増え続けている。彼らはもはや米ドルを介さず、金銀などの資産に裏付けされた自国通貨による貿易を着々とスタートさせている。

一方、右肩下がりで価値が落ちていく米ドルやユーロなどの不換紙幣に終焉が来ると同時に、どこかのタイミングで、欧米も資産に裏付けされた通貨へと切り替わる予定だ。

QFSチームの公式スポークスマン、チャーリー・ワードがこの話をした後に言っていたことがある。

「そして、東と西の経済をつなぐのは、ＹＥＮ（日本円）だ」

え、チャーリー、いま何て言ったの？　ＹＥＮって言った？

何度か動画を聞き返してみたが、確かにはっきりとＹＥＮ、つまり日本円だと言っているのだ。ちなみに、ここではチャーリーはＢＲＩＣＳ諸国を東、西欧諸国を西とおおまかに話をしている。

最終的には、すべての通貨がＲＶ（再評価）されて１：１となり、世界各国どこでも自由に交易できるようになることを目指しているのだが、それぞれの事情もあり、国によってシステム移行へのスピードはまちまちなようだ。もしかすると、日本はいち早くその準備ができているのかもしれない。

ネサラ・ジェサラの項でも話した通り、これから世界の経済はとてつもなく大きく変わっていく。

人間を奴隷化するための経済システムから、人間の自由と平和としあわせのための経済システムへと、大きな変遷の嵐が起きている。

その要の役割を日本が担うことになるのだろうか。

この話を聞いた直後に、これとぴったり当てはまる動画を見つけてしまった。経済アナリストの藤原直哉さんが、『出口王仁三郎翁顕彰会　記念講演会』という動画の中で、出口王仁三郎の言葉を引用された。

外国は金銀為本で困つてゐるから、
日本の札を用ひたらいゝ。
嫌なら、物々交換したらいゝのや。
それで内地だけに札を通用さして、
よその国とは物々交換をしたらよい。
世界には日本の札なら、
何処でも通用する様になる。
さうすれば外国の経済までが
救はれて来るのだ。

（出口王仁三郎全集第五巻／原本「昭和」誌　昭和8年8月号）

世界に通用する日本の札を用いることで、海外国の経済までも良くすることができるとは何と素晴らしいことではないか。

ここ数年、チャーリー・ワードは「DLT」について言及している。

DLTとは、ビットコイン等で使われているブロックチェーンよりも断然スピードの速いDistributed Ledger Technology（分散型台帳技術）の略だ。

実際のQFSシステムには、DLTが用いられるようになるよ、とチャーリーは言っていたが、以前はDLTという言葉は検索しても出てこなかった。

ところが最近になって再び調べてみたところ、日本には早くもDLTを用いて事業を始めている銀行があることがわかってきた。

Xにも、海外のインサイダーやアノンたちが日本の経済的な動向に注目する投稿が増えている。そこからいっても、世界経済システムの移行にあたり、日本が重要な役目を果たす可能性は高いのではないだろうか。

また、日本から学べることがたくさんあると感じている欧米人が、今は少なからずいるようだ。

ホワイトハットの中枢にいると思われるファン・オー・サヴァン（Juan O Savin）も、日本について言及している。

そういえば、JFKジュニアがファンの偽装をしている、と言われていたこともあった。

2024年5月あたりに、彼は1ヶ月ほど日本に滞在していた。日本からいくつか動画インタビューをしており、その中で日本についても話していたので、ピックアップしてみた。

ファン・オー・サヴァン『KID BY THE SIDE OF THE ROAD』

「米国にとって、日本は最も近い経済パートナーだ。ドルと円は強く結びついている。冷戦中、ソビエト連邦を倒すために我々は日本経済と日本円を使った。その問題が解決しないまま、レーガンの後ブッシュ政権に引き継がれ、ブッシュたちがファンドを盗んだ問題とともに、それ以来ずっと引きずっている米国の経済危機を招いたのだ」

「トランプの周囲の人々から聞いているが、トランプは諜報機関の観点からみて、日本が一番安全であると考えている。私自身も、日本は世界で最も米国に近い重要な同盟国だと思っている」

「これから数ヶ月～数年にかけて、米国や世界の経済危機にとってのみならず、あらゆる観点から見て、日本は極めて重要な国だ」

「米国にとっては市場の再建、日本にとっては資源供給のために、両者はお互いを必要としている。この関係は世界が必要としていることでもある」

「資源があれば、日本はそれを精錬・精製して、素晴らしいものをつくることができる国だ。第二次世界大戦の後、デトロイトにやって来てアメリカのやり方に魅せられた日本のビジネスマンたちは、ただそれを模倣するのではなく、それ以上のレベルへと押し上げた。日本は健全な競争にチャレンジする国だ。そうやって米国と日本は、お互いを磨くことができる」


ファンの話からも、ホワイトハット／Qチームが日本を重視していることがうかがえる。

私たちが、世界に差し出せるもの、役に立てるものを持っているのは、ほんとうにうれしいことだ。だが、私たちの役目の本質は、3次元的なこと以上に、ハートやDNAの記憶の中にある「何か」ではないだろうか。

日本人だけが持つ特殊なハートの力

地球には、さまざまな人種がいる。ヒューマノイドが住む星々の中でも、地球ほど多様性に富む星は珍しいのかもしれない。

この多様性の中で、日本人の特徴は何なのだろうか。

思うにそれは「つながる能力」ではないだろうか。それは日本人が内側に秘めている、テレパシーやエンパス（共感力）能力とも言えるだろう。

この内なる力を使うことで、人に限らず、植物、動物、大地、自然、地球や星々と瞬時につながり、心をかわすことができる。

日本には「以心伝心」という言葉があるが、それは言語や文字を使わなくとも、お互いの心と心で通じ合えることだ。古代の日本人は、論理や理屈ではなく、直感や感覚、感情を介してつながり、通じあっていたのだ。だが、時を経るにつれて、スピリットはハートではなく脳の中に住むようになり、周波数がだんだん下がっていき、私たちはこの能力を失いかけてしまった。外側の力に依存することに慣れてしまい、自分の内側に持っているパワーを置いてけぼりにしてしまったのだ。

だが、そろそろこの能力を取り戻さなければならない時が近づいている。地球はすでに4次元に入っており、どんどん周波数を上げてきている。脳の論理や言語を超えたコミュニケーション方法が必須になってきているのだ。

論理や思考よりも直感や感覚、感情を使う方が、ずっと高速かつ大容量の受送信ができるだけでなく、情報を立体的につなげて、全体を見渡し把握ことができる。日本人は真剣になって、何かを命がけでやりとげようとする際に、この能力が自然に発露する傾向があるように感じるのだ。

もちろん、この能力を携えている人種は、世界を見渡せばたくさんいるだろう。だが、経済、産業、発明、その他多くの分野において影響力を持つ日本という国の私たちが、この能力をフルに使うことには大きな意味があるのではないだろうか。フアンが言及していたことにも、この能力は関係しているのではないかと思う。

その鍵となるのは、脳とハートの関係だ。

多くの人は、脳に意識を鷲づかみにされている。脳はものごとをバラバラにして分析し、過去のデータを集積して、そこから何をどうするべきか演算する場所だ。右脳と左脳に分かれていることからもわかるように、すべてのことを二極性をもって判断している。そこには、必ず時系列が存在している。

一方、ハートは包括的かつ瞬時に、全体をダウンロードする。宇宙とつながっているので、ハートの中ではすべてが同時に起きている。

意識というのは、私たちのスピリットそのものだ。意識が脳に摑まれている間は、二極性的なあり方から逃れられない。

そこで、瞑想とよばれる状態になることが必要になる。いったん脳に意識を手放していただく。そして宇宙とダイレクトにつながっているハートの空間に意識を置いてみるのだ。ひとたびその体験をすると、細胞やエネルギーボディはその感覚を忘れることがない。ハートに意識を置いたままで、ハートと脳をコネクトすることで、脳はハートがダウンロードした大容量の情報を分析や解析が可能になる。

そして、最も重要なことは、ハートにある無条件の愛を駆使することだ。

「宇宙で最も強力なフォースは愛だ」とドランヴァロ・メルキゼデクは断言する。無条件の愛は、宇宙さえもつくってしまうのだ。

フォースとは、力でありエネルギーであり、三次元の物質も含め、多次元に影響を及ぼすパワーのことを指している。

残念ながら、脳から発生する愛は「条件付きの愛」だ。愛したり愛さなかったり、好きになったり嫌いになったりする二極性の愛は、フォースにはなり得ない。

ハートは宇宙から無限に愛を汲み出すことができる場である。

そして、日本は世界のハートの奥宮なのだ。

私たち日本人は、私たちらしいやり方で無条件の愛を放射し、ハートの一番深いところから世界をつなげていくことで、宇宙から託されたお役目を果たせるのではないだろうか。

私はそのことを深く信頼している。

この時代だからこそ流行した！『鬼滅の刃』に見る日本のハートの戦士たち

アニメは久しく観ていなかったのだが、とあるきっかけから『鬼滅の刃』を観てみた。そうしたら、不覚にもどっぷりハマってしまった。

「これ、まさにホワイトハット・アニメじゃない？」

最初のシリーズ『鬼滅の刃　竈門炭治郎《かまどたんじろう》　立志編』を見終わった直後、思わず呟いていた。

『鬼滅の刃』は、どの角度から見ても魅力あふれる作品だが、内容といいタイミングといい、今起きている世界最終戦争と見事なほどシンクロしていることに、いたく感動してしまったのだ。

コミック『鬼滅の刃』は、２０１６年２月から２０２０年５月まで、週刊少年ジャンプに連載された。アニメは２０１９年に始まり２０２４年６月に『柱稽古編』までが放映されている。

コミック連載が始まった2016年2月といえば、トランプが表舞台に登場する少し前だ。少しずつ「陰謀論」が盛んになってきていた頃でもある。

この時期に『鬼滅の刃』が出現したのは偶然だろうか？

それとも、これもホワイトハット・オペレーションの一環だったりして？　と思わず勘繰ってしまう私がいる。

少なくともタイミング的に、そしてエネルギー&バイブレーション的にも、『鬼滅の刃』がこの闇と光の最終戦争と深くつながっていることは確かだと感じるのだ。


ホワイトハットと鬼殺隊の目的は共通している。それは、光を持って闇を打ち倒すことだ。そう言ってしまうのは簡単だが、長い時間をかけて計画を練り、たゆまず実践していくのは並大抵のことではない。

鬼殺隊は、鬼の始祖鬼舞辻無惨《きぶつじむざん》がこの世に生まれてから二千年、鬼と戦い続けてきた。隊員はたくさん殺されたが、鬼殺隊がなくなることはなかった。

ホワイトハットはイエシュアとメアリー・マグダレンの時代から戦っている。彼らの血統を受け継ぐテンプル騎士団への大虐殺をはじめ、危機は何度もあっただろうが、彼らが地上からいなくなることはなかった。

鬼の正体は、カバルたちとよく似ている。自分たちの欲求を満たすためなら、他の生命を殺傷することを厭わないエゴのかたまりであり、ハートを失ってしまった存在たちだ。

鬼に噛まれた人は鬼になり、人間の血肉を欲するようになる。そうやって鬼が増えていくのだが、鬼の千年の歴史の中で初めて人を喰らわない鬼、竈門禰豆子《かまどねずこ》が出現したところから物語は始まる。禰豆子の兄の竈門炭治郎は、愛する家族を鬼に殺され、妹は鬼にされて、もう誰にもその悲しみを味わわせたくないという気持ちから、鬼殺隊員となって禰豆子と一緒に鬼を倒していく。

この兄妹が見せてくれるさまざまな資質～勇気、忍耐力、向上心、誠実さ、謙虚さ、ひたむきさ、親切心、思いやりなどは、日本人の血の中に流れている美しいものを思い出させてくれる。

そして何よりも、彼らは無条件の愛が何だか知っている。いざという時には必ず、この無条件の愛がハートから起動して放射するのだ。この資質は、まさにホワイトハットの人々が携えているものと同じだ。鬼もカバルも恐怖や欲で人間を操ろうとするが、それに決して屈しない人々なのだ。

人々のために命をかけて戦う鬼殺隊の存在を人々は噂でしか知らない。公的な組織ではなく、政府からも認められていなかった。ホワイトハット・ミリタリーも、今のところ同じようなものだ。彼らは人々からは見えないところで戦い、彼らの存在は一般には知らされていない。

鬼殺隊員の刀を造る刀鍛冶たちは、なぜか全員ひょっとこのお面をつけて仕事をしている。決して顔を見せないところなど、やはりホワイトハットと重なって見えてくる。

ＱＦＳチームやネサラ・ジェサラに関わる人々は、現段階では決して顔を見せることがないし、多くのインサイダーたちはラテックスマスクをかぶり、素顔も素性も明かさずに任務を続けている。

ジーザス・ストランドの項でも触れたように、この世に光をもたらそうとする者は、必ず闇の者に命を狙われる。そのために彼らは身を隠し、自身の死をも偽装して、休むことなく戦ってきた。

深い眠りについてしまった人類がいつか目覚める時、世界に自由と平和がもたらされるための戦い。その時がきたら、ついに彼らはお面やマスクを外して真の姿を見せてくれるだろうか。

ホワイトハットの戦い方は、想像をはるかに超えるほど複雑だ。多次元チェスにたとえられるように、彼らは敵の動きを読み、常に先の手をいくつも考えている。

思えば、炭治郎もなかなかの策略家だ。彼は鬼と対峙するとき、常に次にどうするべきか冷静に考えながら戦っている。

戦いに限らず、何かを成し遂げようとするとき、ゴール（目的）に至るための意志とプランが明確であることが必須だ。それさえあれば、何が足りないのか、何が必要なのかがわかってくる。

炭次郎は鋭い嗅覚と直感を駆使し、激しい戦いの最中にも即興性や臨機応変さを失わない。

そんなところにも、『鬼滅の刃』がホワイトハットと重なって見えてきてしまうのは、単に私が鬼滅のファンだからなのだろうか。

『鬼滅の刃』は海外でも非常に人気があり、この作品は世界中で読まれ、観られている。日本発の光のエネルギーが世界に向けて放射されているのだ。

人気動画チャンネル「ふるおるFuruoru」によると、アニメ「柱稽古編」の最終回は、世界のストリーミング・データベースのサイトであるＩＭＤｂにて、初動10点満点中９・９という、尋常でない高得点を叩き出したそうだ。

これは、世界中の人々が、光と闇の最終戦争が戦われているバイブレーションを、少なくとも潜在意識の中でキャッチしている証だと感じるのだ。

『鬼滅の刃』は、誰もが楽しめるコミックやアニメを通して、今という時代の本質を見せ、今どう生きるべきかを無言で示している。

最後に、『鬼滅の刃』が、ホワイトハット／Ｑチームと微妙にシンクロしているトリビアを紹介しよう。

・桜餅１７０個

毎回アニメの終わりに「大王コソコソ噂話」というおまけがつくのだが、その中で鬼殺隊の柱の一人であり、可愛いくて大食漢の甘露寺蜜璃が、好物の桜餅を毎日「１７０個」食べ続けたら、髪の毛の色が桜餅色になってしまった、という逸話がある。

なぜゆえ、わざわざここで１７０という数字を出すのだろうか？

ゲマトリアでは「0」を数えないので「170」は「17」となり、17はQを意味するのだ。

・ミツアナグマ

『刀鍛冶の里編』第1話の中で、唐突にミツアナグマの話が出てくる。

炭治郎の仲間のひとりである嘴平伊之助は、猪突猛進タイプの隊士だ。

それを指して「まるでミツアナグマみたい」というセリフがあるのだが、この聞きなれない野生動物の名前が唐突に出てくることに、正直違和感を抱いていた。しかもわざわざ、どんな姿をしているのか図鑑まで持ち出して見せている。

その後たまたま見つけたのだが、トランプ&ホワイトハット・チームの勇者、スティーヴ・バノンのニックネームが、ミツアナグマなのだ。（英語でHoney Badger）

バノンは2016年の大統領選でトランプを勝利

ミツアナグマのスティーヴ・バノン

へと導き、その後も「ウォールーム（War Room）」動画チャンネルでパワフルに情報を出している、まさに猪突猛進タイプの人物なのだ。

どちらも偶然かもしれないけれど。何だか気になったので載せてみた。

「五色」に隠されたワンネスの秘密

幣立《へいたて》神宮のことは、以前から気になっていたが、まだ訪れたことはない。いつかご縁を頂けたら、ぜひ行ってみたいお宮だ。

毎年おこなわれている五色神祭は5年に一度大祭が開かれ、その時には世界五大陸から人々が集まるという。２０００年8月23日には、水の伝道師として世界に知られる故・江本勝さんが大祭をプロデュースされた、という話を聞いた。

赤人、白人、黄人、黒人、青人の五色の人々が集まり、安心して平和に暮らせる世界になるように祈りを捧げる。そうすることで人は、一番美しい姿である神さまとなる。

祭りが終わると、それぞれ祈りを自分の国に持ち帰って、また精進に励む。なんと美しいお祭りだろう。

ここ最近、ジーザス・ストランドやドゥルーズ、その中の一族であるカルーニのことをリサーチしていて、驚いたことがある。

ドゥルーズたちは、中東からヨーロッパにかけて、さまざまな国に分布して住んでいるが、彼らにはシンボルマークがあり、それが五色の星なのだ。

パスカル・ナジャディは自身の動画の最後に、必ずこの五色星を出すのだが、それを見た時、心の奥にあった五色神祭のことがふわーっと蘇ってきた。

ドゥルーズと古代の日本人の間には、何か強いつながりを感じてしまうのだ。

竹内文書には五色人のことが書いてあり、またイエシュアが日本に来ていたことにも言及している。ちゃんと

五色星

リサーチしていないので詳しくはわからないのだが、直感的にはイェシュアの血統であるドゥルーズと古代日本人は、どこかでつながっていることを感じずにはいられない。

トム・ケニオンの『アルクトゥルス人より地球人へ』（ナチュラルスピリット）には、アルクトゥルス人であるサナトクマーラが地球にやって来た時、降り立ったのが京都鞍馬の地であったことが書かれているが、その同じ本に、やはりアルクトゥルス人であるイェシュア・ベン・ジョセフとメアリー・マグダレンの言葉が載っているのだ。

スペースフォースのコマンダーであるパスカル・ナジャディは、自分はドゥルーズであり、またプレアディアン／アルクトゥリアンだと言う。

古代日本人とドゥルーズ、アルクトゥリアン……このつながりの謎をいつか解明したいと強く思う。

五色は、チベット仏教をはじめとして、広くお寺や神社でも使われているようだ。多くの場合、その意味は自然のエレメントであるとされている。

チベット仏教で使われている色は、青、白、赤、緑、黄で、青は天や空、白は風、赤は火、緑は水、黄色は大地を現しているという。

日本仏教では、青（緑）、赤、黄、白、黒（紫）が使われ、青（緑）は木、赤は火、黄は土、白は金、黒（紫）は水、となる。

ドゥルーズの五色星にも、それぞれの色に意味がある。

緑：太陽、心、男性性
赤：月、魂、女性性
黄：言葉、瞑想、神聖なるものとのコミュニケーション
青：意志の力、可能性
白：意志と言葉の結合、表明

また、ニュージーランドのマオリが信仰するラータナのシンボルも五色星だ。

これらのことを合わせて考えてみると、5つの色の種類や意味にはそれぞれ違いがあるが、スピリチュアルな次元では、色の持つ周波数で世界をつなげているのではないだろう

か。

5という数字は、地球で使われているフィボナッチ数列の数でもある。フィボナッチは生命が黄金比をまねて生み出した数列であり、生命はフィボナッチ数列を通して成長し、進化するのだ。

五色とは、5つの色がそれぞれ持つ意味、たとえば人種や自然の力、ひとりの人間の中にある可能性など、それらすべてがバラバラにされて、つながりを失いかけていた世界が再びつながりを取り戻し、ワンネスであることを思い出すための、大切な鍵のひとつかもしれない。

この五色を結ぶ中心が日本にあるのかどうか、今の私にはまだわからない。

だが、ハートの奥では、その秘められた可能性を感じている。

次第に霧が晴れて、いままで隠されていたものが明らかになるまで、この日本で今の自分にできることにベストを尽くそう。いまだ隠されているとはいえ、その秘密は私たち一人ひとりのDNAの中に、ハートの中に刻まれているのだから。

〈画像引用元〉

ドゥルーズ　wiki

https://ja.wikipedia.org/wiki/%E3%83%89%E3%82%A5%E3%83%AB%E3%83%BC%E3%82%BA%
E6%B4%BE

ハートの森

地球人にとって初めて
宇宙への扉が開かれようとしている
それにぴったり合わさって
ハートの扉がひとつひとつ開かれていく
扉の隙間から
眩しいくらいに輝く星空が見えている
宇宙が巡りめぐる音が聴こえている

宇宙の時空が交差する
この針の先のようなポイントで

あなたに巡り逢えたことは
もう浪漫以外の何ものでもない

私たちは一緒に思い出し
一緒に夢を見て
何かを生み出すために
ここにいる

ハートの森の中へ入っていこう
森の中で
ほんとうのあなたと
ほんとうの私が
ふたたび逢えることを
強くつよく信じているよ

まったくもって、何という時代に私たちは生きているのだろう。

書いたものを読み返しながら、私たちはまさに卵の殻の中にいたヒヨコだったことを思わずにいられない。

しかも、そのことに全く気づかずに自由に空を飛んでいるとさえ思っていたのだ。

だが、何千年も前からそのことに気づいている人々が地球上に存在していた。それがホワイトハット／Qと呼ばれる人々であり、彼らは非常に注意深く、長い長〜い時間をかけて、できるだけヒヨコにダメージを与えずに、ヒヨコが自ら殻を内側から突き崩せるようにプランを立てたのだ。そして飼い主のカバルにもヒヨコにも知られないように、見えないところでそのプランを実践してきた。

何が起きているのか悟ったヒヨコたちが、一緒になって内側から殻をつつき始めた。そしてついに、殻が大きく破れ出したのだ。

いま私たちは、翼を広げる直前のところまで来ている。

だからこそ、「じゃあ、いい頃合いだから本当のことを話すね。」と言わんばかりの超ディープなディスクロージャーが始まっている。

このあとがきを書いている間にも、新たな情報が次々と出てきている状況だ。

私たちは目を大きく見開き、空のコップのようになって新しいことを学び、思い出し、意識を広げ、周波数を上昇させていくことを毎日、毎瞬間迫られている。

私がリサーチしてつなげていった情報を共有できることに深く感謝しています。この本に書いたことが、ほんの少しでも役に立てたら、こんなにうれしいことはありません。

読んでくださって、ほんとうにありがとうございました！

最後になりましたが、本の出版を快諾してくださったヒカルランドの石井健資社長、編集を担当してくださった川窪彩乃さんに深く感謝を捧げます。

横河サラ

謝辞

この本に書いたことの多くは、地球に光の時代をもたらすべく日夜働き続けているインサイダーの人々や、寝る間も惜しんで情報の解読に励むアノンの人々の努力がもとになっている。

深い敬意と感謝を込めて、思いつくままに彼らの名前を列挙させていただいた。(敬称略)

ブライアン・アルディティス博士
デイヴィッド・ウィルコック
キャシー・オブライエン
マイケル・テリンジャー
チャーリー・ワード
アレックス・コーリエー
エレナ・ダナーン

ジーン・ディコード
リカルド・ボシ
パスカル・ナジャディ
チャーリー・フリーク
JFK Fan
Vincent Kennedy
SGアノン
ベンジャミン・フルフォード
カルーニ家の人々
ジェームス・リンク
藤原直哉
ファン・オー・サヴァン
トム・ケニオン
人知れず命をかけて戦っているすべてのホワイトハットの人々

上に記した人々以外にも、たくさんの人々の努力と情熱がこの本にはあふれている。

最後に、人類の進化に直接的に関わってくださっている聖ジャーメイン、私のメンターであるドランヴァロ・メルキゼデク、ハトホルたち、どんな時でも必ず見守ってくれているアーキエンジェル・マイケルに、ハートの深いところから感謝を捧げます。

横河サラ　よこかわ さら

宮崎県生まれ。スピリチュアル・ファシリテーター、ミュージシャン、リサーチャー。

2012年よりドランヴァロ・メルキゼデクのATIHワークショップ公認ティーチャーとして各地でワークショップを開催、ハートの瞑想およびマカバの活性化の智識と技法を広める一方、ディスクロージャー情報のリサーチャーとしてオンラインセミナー開催やニュースレターを配信中。著書に『ダイヴ！ intoディスクロージャー』・『ダイヴ！ intoアセンション』（ともにヒカルランド）、『ハート♥ナビ』（ビオ・マガジン）がある。

横河サラHP　http://sarahyokokawa.com/

超ディープなディスクロージャー
ホワイトハット全解剖
カバルの世界線からハートの力が勝利する時代へ

第一刷　2024年12月31日

著者　横河サラ

発行人　石井健資
発行所　株式会社ヒカルランド
〒162-0821　東京都新宿区津久戸町3-11　TH1ビル6F
電話　03-6265-0852　ファックス　03-6265-0853
http://www.hikaruland.co.jp　info@hikaruland.co.jp
振替　00180-8-496587

本文・カバー・製本　中央精版印刷株式会社
DTP　株式会社キャップス
編集担当　川窪彩乃

ISBN978-4-86742-437-7

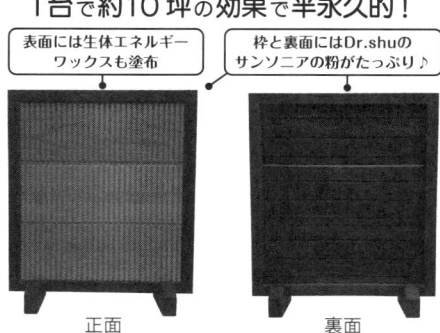

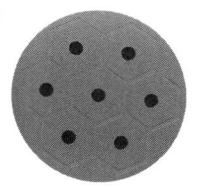

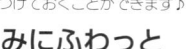

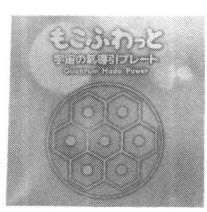

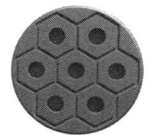

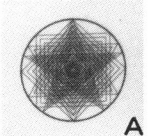

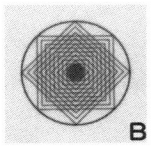

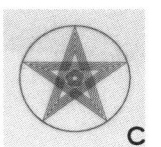

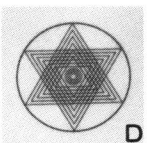

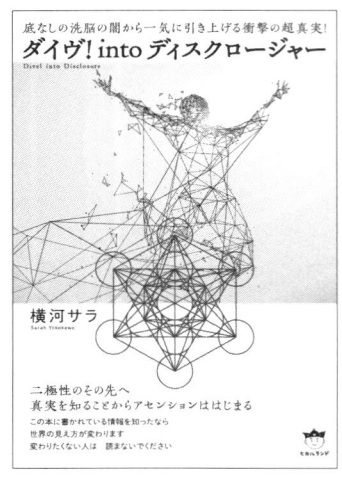

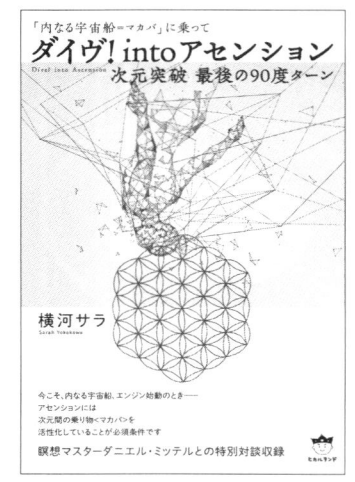